现代家庭
教育丛书

知心术：面对
上中学的孩子

谭欣 / 编著

广西科学技术出版社

图书在版编目（CIP）数据

知心术：面对上中学的孩子 / 谭欣编著. —南宁：广西科学技术出版社，2012.8（2020.6 重印）

（现代家庭教育丛书）

ISBN 978-7-80565-358-7

Ⅰ. ①知… Ⅱ. ①谭… Ⅲ. ①中学生—家庭教育 Ⅳ. ① G78

中国版本图书馆 CIP 数据核字（2012）第 192691 号

现代家庭教育丛书

知心术：面对上中学的孩子

ZHIXINSHU MIANDUI SHANG ZHONGXUE DE HAIZI

谭欣　编著

责任编辑	何杏华	**封面设计**	叁壹明道
责任校对	梁　斌	**责任印制**	韦文印

出 版 人 卢培钊

出版发行 广西科学技术出版社

（南宁市东葛路 66 号　邮政编码 530023）

印　　刷 永清县晔盛亚胶印有限公司

（永清县工业区大良村西部　邮政编码 065600）

开　　本 700mm×950mm　1/16

印　　张 13

字　　数 167 千字

版次印次 2020 年 6 月第 2 版第 6 次

书　　号 ISBN 978-7-80565-358-7

定　　价 25.80 元

本书如有倒装缺页等问题，请与出版社联系调换。

前 言

谭 欣

　　中学生心理，犹如五彩斑斓的万花筒，纷繁复杂且又多变。而目前出版发行的有关中学生心理专著，大多偏重于对系统理论的阐述，因此无法把中学生们千姿百态的心理现象囊括其中。可在现实中，很多家长和老师却由于经常碰到来自学生方面一些意想不到的心理问题，找不到答案，寻求不到解决的办法而束手无策，有时甚至由于教育不得法而适得其反。对此，他们很希望有一本能说明中学生具体心理现象的书做参考。广大青少年学生也常常因为自己生理和心理上的骤然变化而感到困惑和不安，他们也特别需要有专写他们自己的书给以帮助指导。

　　我十多年的中学教学经验，以及我目前所从事的心理学教学与科研实践，使我比较了解中学生的心理动态及其在校内外比较容易出现的心理问题和障碍，熟悉家长和老师所急需的心理学知识。鉴于广大学生家长、教师和青少年朋友对心理学知识的需求，我编著了此书。希望此书能为中学生的家长、老师提供咨询服务，能给青少年朋友以启迪！

　　本书的编写，参看和引用了许多书报杂志上的文章资料，因为量大，恕不在这里一一列出。在此，谨向原作者致以衷心感谢！

　　由于本人水平所限，书中纰漏之处难免，恭请诸位专家学者、同仁朋友以及热心的读者赐教指正！

目 录

人的心理由何而来

人凭着高级复杂的心理活动，能运筹帷幄之中，决胜于千里之外，能在世界的万物之中，居于主宰。然而人的这些高级复杂的心理活动，到底是由什么发生的呢？对于这个问题，人类从古到今，一直都在进行着研究和探讨。

早在原始社会时期，有人认为人能产生各种各样的心理活动，完全是灵魂活动的结果。灵魂能独立存在，自由往来。它随人的出生进入人体，支配着人的一切活动。当人睡眠的时候，它可以离开人体出外旅游。人在梦中出现的情景，就是灵魂外出游荡时的所见所闻。等到人死之后，灵魂就离开人的躯体去漫游世界，成了自由的鬼神。这种解释显然是一种唯心主义观点，没有任何科学根据。

就在同一时期，还有一种看法。认为人能产生心理是人体某一器官的功能。最初有人把呼吸器官当成心理活动的场所，觉得呼吸与人的生命关系密切，呼吸停止就等于生命终结，心理活动随之消失。后来发现心脏与人的心理活动关系更密切，人的情绪变化可以引起心脏跳动的变化，于是有人确信心脏就是心理的器官；这一观点在人类史上持续了很长的时间。我国汉族文化至今还保留着这方面的痕迹，如我们的汉字，凡与心理活动有关的文字，大多都带有"心"字或心旁，像思想、感情、怀念、悲愤、怅惘等就是这样。还有我们的语言，如谈心、交心、推心置腹、胸有成竹、计上心来、满腹经纶等，就连"心理学"这一概念，也都带有与心脏相关的特色。

随着科学的发展，人类认识水平的提高，以及临床医学所提供的事实，最后证明人的心理器官是脑而不是心脏。脑是心理赖以产生的物质基础。如果没有脑，人就无法产生心理活动。1913年，俄国出生了一个奇怪的婴儿，他整天地躺着睡着，不会吮奶，不会吞咽。家人怕他饿死，只好强行给他喂食。这个婴儿不会哭也不会笑，一动不动。给他一些疼痛的刺激，他毫无反应。他不认识任何人，教他什么他都不懂不会。就这样活了三年零三个月。死后经解剖检查，发现他没有大脑两个半球，填塞在颅腔里的只是两个薄壁的胞囊。

生活中我们还可见到这样的现象，有人因意外事故而断臂或跛腿，虽然肢体活动不如原来方便，但心理活动却不受影响。可是如果是脑部患病或受强烈震荡而遭损伤，那么人的心理活动就会有异常变化。有的人表面看来虽然耳目完好，但却看不见东西听不见声音。有的人会记忆丧失，认不得亲人朋友，把过去所经历的事忘得一干二净。有的人虽然有口，可却说不出话来。这些现象都说明脑是产生心理的器官，无脑的思维是不存在的。

但是，人光有脑还不能够产生人的心理，脑只是产生心理的前提条件，心理不能由脑凭空产生。只有客观事物作用于人脑的时候，人才有心理活动的过程和内容。所以说人的心理的实质是脑对客观现实的反映，没有客观现实，心理就是无源之水、无本之木。而且人的社会存在对人的心理具有决定性作用。凡是标志着人的心理本质的东西，都是人在社会生活环境中形成和发展的，如人的思维、情感、意志以及人性等。如果一个人从小被剥夺了社会生活，那么这个人即使有脑，也不会具有人的心理。

1920年，在印度的加尔各答附近，居民们常在傍晚时分看见一只母狼后面跟着两个怪物，像狼又不是狼，是人又不像人。后来人们把母狼打死，在狼窝里发现了两个由狼带养的女孩。大女孩有八九岁的模样，小女孩看样子不到 2 岁，牧师辛格把这两个孩子送到了孤儿院，并进行了认真的观察和教养。

这两个狼孩刚回到人间时，表现出来的是十足的狼性。不会说话，用四肢行走，坐蹲式如同狼和狗的形状，不会用手，怕人，见人就龇牙咧嘴，喜欢生食血肉，白天伏卧不动，夜晚起来乱窜，像狼那样嗥叫。

18 世纪末，在法国南部的阿威龙森林里发现一个年约十一二岁的男孩。他赤身裸体，全身布满伤痕，行为凶猛。发音器官处于全哑状态，只能发出一丝单调的喉音。嗅觉迟钝，对香与臭的气味没有反应。智力如同白痴，不会站在凳子上或打开窗户取得食物。情绪贫乏，表情呆板。据研究者认为，他至少是在四五岁或更早的时候被弃入森林的。

19 世纪 30 年代，美国有一名叫作伊莎贝尔的小女孩，因受虐待从出生时就被禁闭起来。当被人发现和救出时，她已将近 7 岁。然而她什么都不知道，不会说话也听不懂别人的话。

这些被遗弃、被禁锢以及与动物一起生活的儿童，虽然他们都有脑和手，但由于他们从小脱离人类社会生活环境，他们所接触的客观现实只是一个简单的动物世界或狭小的天地，所以他们不具有人的思维、人

的情感、人的智力、人的品德等高级复杂的心理。即使是长大成人，倘若长期离群索居，独自生活在远离人烟的偏僻之处，也会使人的心理退化。1945年华工刘连仁因不堪忍受日本帝国主义的奴役和摧残，逃往北海道一座深山老林之中，过着野人的生活。13年后当他被发现时，他的心理失常，思维不清，言语困难，听不懂本民族的语言，也不能准确表达自己的思想感情。

可是，当这些因特殊遭遇而使心理发展受到限制的儿童或成人，在有机会回归人的正常生活时，他们的心理水平都因后来环境的变化而发生变化。狼孩和弃儿逐渐地摆脱野性，学会说话和人的文明行为，情感也日趋丰富起来。刘连仁回到家乡后不久便恢复了正常人的心理。

上述这些事实，充分说明了人的心理的由来。头脑不能产生心理，离开客观现实心理也无从发生。这样看来，脑与客观现实都是人的心理发生发展不可缺少的条件。其中，脑是心理的生理基础，客观现实则是心理的内容和源泉。一言以蔽之，心理是脑的机能，是客观现实的反映。

人的心理现象有多少

人的心理和人的生命紧密联系在一起。生命的长短可以用年、月、日来计算，可心理现象的多少，该用什么来说明呢？常言都说"知人知面难知心"，事实确是如此。人的心理活动来无影去无踪，真的不好捉摸。但是人的心理现象同世界上其他现象一样，也有它特定的表现形式及其运动规律，因此人的心理同样可以被认知。心理学能成为一门科学，原因也就在这里。实际上人的心理不管怎样复杂，表现形式如何多姿多彩，作为心理生活的范围，概括起来也不过有两大方面而已。

第一方面，我们称其为心理过程，这其中包括认识、情感、意志三种心理过程。

人生活在这个大千世界里，免不了要用眼、耳、鼻、舌、身等器官去看世界、听声音、嗅气味、品味道、触摸各种物体，由此知晓事物的形声色味，这就是人的感觉和知觉现象。人对自己过去所感知所经历过的事物不能忘怀，在一定的条件下，这些往事能在人的脑海中浮现出来，声犹在耳，历历在目，这是人的记忆过程。碰到问题遇到矛盾，人能在已有知识经验的基础上，通过分析综合，判断推理，揭示事物的本质及其发展变化的规律，如由月晕而知风，由础润而知雨，这是思维的作用。对于没有亲身经历，甚或是世界上根本不存在的事物，人也能在自己的头脑中勾勒出有关事物的形象和图景，这是想象的表现。感觉、知觉、记忆、思维、想象等这些心理现象，都有自己发生、发展和完成的过程，并且都与人对客观世界的认识有关，故称认识过程。

人在接触和认识客观事物的时候，不是麻木不仁无动于衷的，根据自己的需要，人对这些事物总是持有一定的态度和某种内心体验，表现出喜、怒、哀、乐、爱、恶、惧等，这就是人的情感过程。

人不仅能认识客观世界，而且还要改造客观世界。在改造客观世界的过程中，人能自觉地确定目的，调节行动，下定决心去克服困难，以实现预期目的的心理活动，我们称它为意志过程。

认识过程、情感过程和意志过程，简称知、情、意，虽然表现形态不同，但它们都是独立完整并有自己发生发展和变化的过程，所以统称为心理过程。当然这些心理过程在人的整个心理生活中不是孤立进行的，而是彼此相互联系相互制约。没有人对客观事物的认识，人无以产生情感和意志，而没有情感，人的认识和意志活动就没有动力。没有意志，人的认识活动难以深化，也无法调节情感。同时，这三种心理过程也都离不开注意，只有注意相伴随，才能保证人的各种心理活动对一定对象的指向和集中。因此，注意品质的好坏，对人的心理活动效率具有相当重要的影响。

第二方面，我们称其为个性心理，也叫个性。个性是个体社会化的结果。由于每个人在后天所处的社会环境、生活条件以及所受教育的不同，因此形成了人和人之间心理风格与精神面貌上的差异。俗话说："人心不同，各如其面。"就是这个意思。世界上不但没有在相貌上长得完全一样的两个人，而且在心理面貌上也没有完全一致的两个人。

人的个性包括个性的倾向性和个性心理特征。在个性的倾向性里又包括需要、动机、兴趣、理想、信念、世界观等。它体现了个人对认识和活动对象的选择和趋向，是人进行活动的基本动力，它制约着人的全部心理活动的方向和行为的社会意义。

个性心理特征，是指个人在心理活动过程中所表现出来的比较稳定的和重要的心理特征。各人在心理特征上的差异，主要是通过能力、气质和性格等方面表现出来。如有人善于绘画，有人长于写诗；有人听觉记忆效果好，有人则视觉记忆更佳；有人习惯于形象思维，有人则偏于抽象思维。这些都是各人在能力方面的不同表现，仔细观察生活在我们身边的人们，就会发现人们的性情脾气各不相同，有人活泼好动，爱说爱笑，有人沉静少动，少言寡语，有人反应灵活，有人反应迟缓，有人性情暴躁，有人性情温和，这些就是人的气质特征上的差异。在对待周围事物的态度以及由此而产生的行为方式上，有人心胸豪爽大方，有人心地狭窄自私，有人勤劳、勇敢、正直，有人懒惰、怯懦、狡诈，有人谦虚谨慎，有人骄傲自大，这是人的不同性格特征的表现。性格能反映出一个人的本质特征，所以性格上的差异往往能把人从本质上区分开来。

心理过程和个性心理，构成了人的全部心理生活。它们二者之间也不是孤立存在的，彼此既有区别，又相互联系相互制约。人的个性心理特征是通过心理过程形成和发展起来的，没有对客观现实的认识过程、情感体验和意志的能动作用，个性心理无法形成。反之，业已形成的个性特点又影响和调节着心理过程的进行，并在心理过程中表现出来。

尽管人的心理现象千姿百态，复杂多变，但从总的范围来讲，不外乎这两大方面。至于人的内心秘密，虽然不好捉摸，但人的心理活动和个性特点总要通过实践活动才能形成和表现出来。况且，人的心理活动是有一定规律的，个性特点一经形成就具有相对的稳定性。因此，了解周围事物与人的关系，仔细观察和分析人的行为举止，还是可以从总体上摸清一个人的基本情况的，甚至可以探测一个人的内心秘密。

脑袋小的学生一定笨吗

在有些中学生中，流传着这样一种说法：宽额头大脑袋的人聪明，窄额头小脑袋的人愚笨。因此有的学生就特别希望自己能长成一个宽额头的大脑袋，聪明过人，学习课程也不费劲。而有些额头窄脑袋小的学生，特别是这其中一些学习不太好的学生，就哀叹自己的命运不好，天生笨瓜，学什么都没有希望了。

其实，在学校里脑袋大的学生学习好，脑袋小的学生学习不好，纯属偶然与巧合。虽然我们承认人的大脑与人的心智活动有着直接的联系，但脑袋外观的大小与人的智力水平的高低却不存在绝对的正比关系。现代科学研究已经证明，影响人的智力水平以及造成人与人之间智力上的差异，如果抛开其他因素不谈，只从脑的这一个方面因素来讲，那么脑的微观结构及其功能特点则是真正的至关重要的因素。

人脑内部结构的复杂及其功能的精巧，是世界上任何一种物质都无与伦比的。人脑最基本的结构和功能单位是神经元，也就是神经细胞。人脑大约有140亿个神经细胞，它们的形态、大小和功能都不一样。但从它们的基本机能来看，神经细胞有接受刺激、传导信息和整合信息的功能。人的任何一种心理现象的发生和变化，无论是简单的感觉还是复杂的思维，都是神经细胞活动的结果。所以人脑的最大奥秘是在神经细胞和神经细胞之间的相互联系上，而对于这些奥秘，我们是无法从脑壳的外观上加以探察和知晓的。

况且，人脑的结构和功能特点也并不是永久固定不变的。后天的环境和教育完全可能改变个体原有的大脑结构和功能。比如盲人由于后天的视觉缺陷，致使大脑原已具有的视觉皮层中枢区萎缩，而聋哑人的大脑皮层听觉中枢区也会相应萎缩。这说明人脑的结构和功能也受"用进废退"的规律所制约。经常用脑可以使脑的结构变得更加复杂，功能得到发展，从而使人更加聪明。否则，脑的结构和功能就会退化。

上海华山医院曾对一名脑半球切除的患者进行过追踪研究。一名7岁左右的小女孩因出生7个月时出麻疹并发高烧后得了癫痫，左身偏瘫，智力发育不全，行为紊乱。经医生诊断是右脑半球病变萎缩并决定施行手术把右脑切除。手术后患者的健康恢复很好，三年后入小学读书。

后来医院又找到了这位患者，她已长大成人。从外表上看，她左腿轻跛，不大灵活，右侧头颅微瘪，脸色红润，言语谈吐正常。经详细了解，她的左下肢虽不大灵活，但有较好的行走功能，各种感觉都存在。她有良好的记忆力，也有一定的思维能力，特别是属于右脑半球的一些功能也都具有，如绘画、唱歌、欣赏音乐等，她都喜欢。她还认识3000多字，坚持经常写日记。如果不中途停学，她的学习水平还能有所提高。平时她操持家务，买菜、做饭、打毛衣、搞卫生，样样活都干得不错。她做船坞排挡游戏，很灵巧，又快又准。

通过X射线扫描，发现她颅腔右侧是个空洞，但左侧大脑半球十分发达，延伸到右侧空间，几乎占整个颅腔的2/3。

一个切除大脑右侧半球的患者，尚能保持这样的智力水平。那么单凭脑袋大小论愚聪就毫无道理了。

从历史上业已做出成就的人的情况来看，具有聪明才智者并不都是脑袋大的人。国外有的学者曾对一些已故的历史名人做过脑重测量，发现他们之间脑重差异很大。如俄国大作家屠格涅夫脑重2010克，而法国著名作家安东·法郎士脑重却只有 1017 克，两个脑重相差悬殊。正常人的脑重约 1400 克，安东·法郎士的脑重还不足一般人的脑重，但他在文学领域里却以自己的才华获得了成功。科学家爱因斯坦逝世后，经美国第一流的脑外科专家进行大脑解剖发现，他那颗被誉为天才中的天才的大脑，竟然与普通人的大脑没有什么两样。然而在人脑解剖的历史上，确实记载着一个人大脑袋的资料，他的脑重达 2800 克，为一般人的两倍，可算是世界上脑袋最大的人了。可是他并不聪明，智力几乎接近于白痴。

无数事实说明，脑袋的大小，脑重的多少，不是一个人智力水平高低的决定因素。因此只从脑袋的大小上寻找学习好坏的原因是不科学的。脑袋小学习确实不怎么好的学生，应该找找其他方面的原因。看看是否在认真刻苦和勤奋努力方面有不如别人的地方。学生之间在学习成绩上的差距，往往是由这些原因造成的。脑袋大的学生也有学习不怎么好的，不要指望脑袋大会自生聪明，不努力不刻苦同样不会学习好，因此应该加油拼搏才是。

天才不是天生的人才。古往今来，任何一位成功者的背后，都有一条曲折坎坷的路，路上布满奋发者艰辛的足迹和勤劳的汗水。

男女学生谁聪明

男女学生在生长发育过程中，生理上的两性差异表现明显。这种生理上的差异是否会导致男女学生在智力上也有差异？这一问题经常成为家长、老师以及学生之间议论的话题。有人认为男孩比女孩聪明，因为在有成就的名人中，男人多于女人。将近400名的诺贝尔科学奖金获得者，属于女性的还不到10名。中国科学院约有400名学部委员，其中女性只占4%左右。男女相差悬殊。也有人认为女孩比男孩聪明，因为在学校里学习成绩最差的大多都是男学生，所谓有成就的女名人数量少，那是社会方面的原因造成的，以此不能说明女人不如男人聪明。还有人认为男女两性的智力发展是交互领先，小时候女孩聪明，长大以后男的比女的聪明。对此，人们的看法真是众说纷纭，莫衷一是。

关于男女两性是否存在智力差异的问题，世界各国的心理学家和教育学家都把它作为一个重要课题进行研究和探讨，但直到目前还没有一个统一的定论。不过从业已研究的成果来看，在承认男女智力上有性别差异这点似乎无大异议，只是在解释这种差异的表现及其原因上，各持不同的观点。

目前，在解释男女两性智力差异的问题，有这样几种理论比较令人瞩目：一种理论认为，男女智力上的差异，完全是由生理上的原因造成的。由于男女两性的大脑结构和功能不完全相同，所以导致男女的智力活动方式也不完全一样。但这种活动方式的不同不能表示男女两性谁更聪明，而是各有特点，各有所长。如女性在声音的感知、言语表达、色彩辨别、形象思维、单纯记忆、复述和模仿、人际交往等这些方面的能力，要优于男性。所以女学生往往对语文、外语、历史、地理、生物等学科比较喜欢和擅长。男性在空间知觉、方向辨别、抽象思维、摆弄物体等方面的能力，优于女性。所以男学生往往对图像模型、数学、物理、化学等学科更感兴趣。在学习方法上，女学生认真细致，比较喜欢模仿和照搬现成的东西，善于死记硬背。男学生喜欢独出心裁，爱寻根问底，思路比较宽，不注重细节。由于男女智力活动方式的不同，因而在社会实践领域里，男女人才的分布也不一样。文学艺术、教育卫生、新闻通讯、纺织编织等领域，女性人才占优势。而哲学、经济学、自然科学领域，特别是建筑工程方面，则男性人才占优势。如此看来，男女之间的智力差异并不影响各自的社会价值。承认差异和了解自己智力活动的特点，更有利于发挥和利用自己的智力优势，寻找成才的突破口，以获得更多的成功机会。

另一种理论认为，男女两性的智力在总体上是平衡的，但男女两性在智力差异的分布上不一样。男性智力优秀和智力迟钝的两极比较明显，而女性的智力发展则比较均匀。依据这种论点，那就是说在全人口中，智力水平很高和很低的两端，男性所占的人数比率要比女性大，而女性智力在中等水平所占的人数比率则比男性大。对此，有人曾在国内的大中小学生中做过调查和测试。结果证实，学习成绩特别好和特别差的两端，男生确是比女生多，而女生成绩在中等程度的又比男生多。从学科成绩优秀的分布上看，男生理科成绩优秀的人数百分比比文科高，而女生虽成绩属中等，但文科的成绩接近和达到优秀的人数百分比比理科高。这个调查结果，又为上述第一种理论寻得了事实依据。由于男女两性在智力差异的层次分布上，男性智愚悬殊，女性居中者多，所以男性成大器的比女性多，但低能愚钝者也比女性多。这种理论似乎可以用来解释在名人中男性为什么多于女性的这一现象。

还有一种理论认为，男女在生长发育期间，在不同的年龄阶段上存在着智力发展变化的两性差异。乳婴时期，男女智力几乎看不出性别差异，幼儿时期开始显露出男女智力上的差异，女孩的智力略高于男孩，但这种差异不是很大。自童年期的小学阶段以后，男女的智力出现明显的差异，女性的智力明显优于男性，并且这种优势一直持续到青春发育期，然后有所不降。等到男性出现青春发育高峰时，男性的智力就逐渐赶上并超过女性，并且越是随着年龄的增长，男性的智力优势越是明显，直到青春发育期结束便逐渐减弱。到了18～20岁，男女两性智力差异发展变化的年龄倾向就日趋消失。成年后，两性智力又趋于平衡。这种男女两性智力差异的发展变化与年龄相关的现象，各国都有相类似的表现。因此，对于这个问题，各国学者在研究男女两性智力差异时都普遍表示关注，并进行了大量地探索。现实中我们也可看到男女学生这种受约于年龄的智力差异，小学阶段的女学生学习成绩明显优于男学生，而到中学以后，女生的这种优势逐渐减弱，到了高年级，男学生逐渐显出自己的优势来。以后这种差异便又日趋缩小。

究竟男女智力有多大差异和这种差异是怎样形成的，现在仍属探讨中的问题。不过根据人的智力发展的条件来看，不外乎先天遗传和后天环境及教育方面的因素。青少年学生大可不必为自己是男是女而伤脑筋。差异是普遍存在的，关键是要了解自己智力活动的特点，扬长避短。家庭和学校教育如能根据两性智力差异，因"性"施教，使男女学生在智力活动中能相互取长补短，那么我们培养出来的学生就会变得更聪明，更有作为。

人才早就与大器晚成

　　人的才华有大小之别，也有"早就"和"晚成"之说。唐朝诗人杜甫，5 岁作诗，7 岁能咏《凤凰》，令人惊叹。骆宾王 7 岁写的《咏鹅》诗，读起来脍炙人口。王勃 13 岁写的《滕王阁序》，至今仍被视为文学佳作。秦朝甘罗 12 岁自荐出使赵国，出色完成使命，满朝大臣为之折服。奥地利的作曲家莫扎特，3 岁就发现了三度音程，能弹奏钢琴，5 岁开始作曲，12 岁创作大型歌剧。德国的卡尔·维特，8 岁时就能通晓德、法、意三国文字，16 岁获博士学位，任大学教授。我国当代儿童孙玉玺，6 岁时便在音乐会上表演二胡独奏。8 岁的李丛，文化部在庐山为她举办书画展览。宁铂 13 岁考取中国科技大学少年班。田晓菲 14 岁考取北京大学中文系，出版了自己的诗文集。

　　上述这些在童年或少年阶段就表现出非凡的能力和优异才华的现象，心理学称其为"人才早慧"或"人才早就"。这些早慧的儿童常被人们称为"超常儿童"或"神童"。

　　超常儿童的产生与其具有优良的遗传素质有关，但同时也与其早期生活环境的影响和家庭教育以及个人的实践活动密切相关。

　　儿童能力的早期显露，在文学、音乐、绘画等领域比较常见。据调查统计，3 岁左右的儿童表现出有音乐才能的人数为最多。在自然科学领域里，儿童能力早期显露的现象比较少见。

　　与早慧现象相反，有些人的优异才能则是在很晚的时候才表现出来，故被称为"大器晚成"。著名画家齐白石，青年时是个木匠，30岁时开始学画，40岁以后方显出非同一般的绘画才能。古希腊大哲学家亚里士多德，49岁在雅典创办吕克昂学院时才开始创作。进化论的创始人达尔文，青年时期曾有人说他智力低下，50多岁写成《物种起源》，一鸣惊人。医药大师李时珍，72岁时完成《本草纲目》。宋朝苏洵（苏轼的父亲），27岁才知发奋学习，文才不高，连考落第，可后来竟成为"唐宋八大家"之一。苏联农学家耶·伊·古谢娃，家住西伯利亚，40岁开始学文化，读农业大学时同儿子就读于一所学校，毕业后很快获得科学副博士学位，72岁完成博士论文这些人都是优异能力晚期显露的代表。

　　古今中外，很多实例说明人的才能有显露早晚的差异。因此，早期没有显露才华的人们，也许是属于大器晚成。而晚成大器的人，总要经历一段漫长艰辛的路。在没有成功之前，千万不要自暴自弃，半途而废，否则就会前功尽弃，只好老大徒伤悲了。

当然，在现实生活中，人才的早就和晚成现象虽为常见，但人数并不是很多，他们在总体上所占的比率很低。比如从科学领域科学家最有突破性贡献的年龄分布情况来看，绝大多数的科学家优异能力的表现都在青年和中年时期。有人曾对 1960 年以前的 1243 名科学家、发明家做出 1911 项重大科学发明创造的年龄做过统计，发现科学发明的最佳年龄是 25～45 岁。还有人对 1901 年到 1978 年间 325 位诺贝尔科学奖金获得者的年龄做过统计，表明 30～50 岁是获得成功的最佳年龄区，在这一年龄区内获得成功的占总数的 75%。李政道 30 岁、杨振宁 34 岁时共同发现了相互作用下宇称不守恒现象，丁肇中 38 岁发现了 ø/J 粒子，普朗克 42 岁创立了量子力学，汤姆逊 41 岁发现了电子，薛定谔 39 岁建立了流动方程式，巴登 40 岁发现了晶体三极管等。

人在中年有所成就是符合成才趋势的，所以大多数人都是在这一时期有突出作为。因为在这一时期内，人的生理和心理都达到了完善的程度，年富力强，体格健壮，精力充沛，有较强的观察力、记忆力和想象力，基础知识和实践经验比较丰富，抽象和概括的思维能力使人对事物的认识进一步深化，加上坚强的意志和事业心，于是就有可能在自己所从事的领域内，有突破性的进展和收获。有时限于各种原因，成果会出现较晚。这说明晚成大器者在成器以前，已付出不懈地努力和勤劳的汗水。没有这个过程是什么"器"也不能成的。

人的一生，不分哪一年龄阶段，从幼到老，都有表露自己才华的机会。只要根据自己的特点，选择好目标，奋斗不息，成功的大门迟早会向你打开的。

莫为左撇子而苦恼

人有两只手，会制造和使用工具，创造和装点着我们赖以生存的这个物质世界，体现了人类的智慧和力量。但在现实中却有少数人为自己的手而苦恼，特别是一些未成年的青少年朋友，往往由于爱用左手不习惯于用右手而感到自己有什么毛病或短处，害怕被别人知道。其实这种忧虑是完全没有必要的。

人的两只手，除必要地合作外，很多情况下是单独工作的，不是左手就是右手。有人善于用右手，俗称右撇子，也叫右利手。有人习惯于用左手，即左撇子或左利手。有人左右两手都好用，这样的叫混合利手。由于在单手活动中，右利手的人比较多，司空见惯不足为奇，而左利手的人比较少，故少见则多怪。实际上左撇子和右撇子都一样，对于人的活动效率不会因为手的左右不同而有不同的影响，并且与人的智力水平高低也无关联，在左撇子和右撇子的人当中，都有聪明人和傻瓜。

人的利手的形成，不是从一降生的时候就显示出来的。国外有些学者认为，孩子出生半年到一年之间基本形成利手，也有人认为从降生7个月到5岁之间形成利手。我国心理学工作者从1981年开始研究这个问题，通过实验研究发现，我国儿童的利手是在1～3岁之间形成的，其间2岁前后是利手形成的关键时期。至于人为什么会有左右利手的差异，目前还在研究之中，尚无定论。不过有这样几种解释，似乎都有道理。一种解释说,人的利手是由先天遗传因素决定的;另一种解释说,是儿童在后天的教育和训练中形成的;还有的解释说,是儿童受父母利手影响的结果。经过近年来的大量研究,更多的人倾向于先天因素决定人的左右利手这一看法。这种先天因素主要是指儿童在先天胚胎时期脑的结构特点而言。

人的最高部位就是大脑。大脑是人的心理主要器官。它由左右两个半球组成,也称大脑两半球。这两个半球之间通过胼胝体相互联结,胼胝体有传导两半球之间的信息,使两半球协调活动的功能。两半球的表面覆盖着皮质,也叫大脑皮层,呈灰色,上面聚集着大约 140 亿个神经细胞。这些神经细胞其形状、大小、排列方法和组织机能各不相同。大脑的结构特点及其功能奥秘都在这里。

大脑皮层作为最高神经中枢,不同的部位具有不同的功能。有人根据其功能的不同把大脑皮层分成四个脑叶。靠近前额的部分叫额叶,人的高级运动中枢主要分布在这里;靠近头顶的部分叫顶叶,它是人体感觉的高级中枢;位于两侧的部分叫颞叶,听觉的高级中枢就在此区内;后面的部分叫枕叶,这是人的视觉高级中枢。同时,大脑两半球的功能也有相对分工。一般说来,人脑的右半球具有音乐、绘画、空间几何、想象、综合等有关形象和非言语方面的功能,左半球具有语言、概念、计算、分析、逻辑推理等有关言语和抽象思维方面的功能。

大脑的两个半球,对于每个人来说,其功能总有一侧半球占优势,称为优势脑,而另一侧则处于从属地位。多数人的优势脑在左半球上,包括对躯体运动器官的支配和调节。由于大脑两半球的运动中枢对运动器官的支配是交叉性的,即左脑的运动中枢支配右侧躯体运动器官的活动,右脑的运动中枢支配左侧躯体运动器官的活动,所以左半球为优势脑的人,就会出现右撇子现象。而左撇子的人,说明其优势脑是右半球。优势脑的作用不仅表现在利手方面,而且整个对侧的运动器官都有运用灵活的表现。善用左手的人,往往其左腿、左脚、左耳乃至左边的牙齿似乎都比右侧的这些器官好用。同样，右撇子的人，就会觉得右侧的这些器官好用。正因为左撇子的人是右脑发达，而右脑的功能又偏长于音乐、绘画和形象思维等，所以现实中我们常见左撇子的人心灵手巧，观察力强，想象丰富。文艺、体育、建筑等领域，常常是他们大显身手和施展才华的地方。我国的乒乓球运动员有好多名将就是凭左手握拍而力挫群雄。国外的一些学者认为，右脑具有左脑所没有的创造能力、直觉思维、预知能力和进取精神，因而左撇子的人似乎比右撇子的人更富于创造性，更善于竞技。当然这些情况也要因人而异。不过由此我们可以看出，左撇子绝不是什么生理缺陷，青少年学生没必要为自己是左撇子而苦恼，左撇子不会影响人的学习、工作和事业的成功。

由于人的左右利手主要受先天脑的因素制约，所以对左利手的儿童不要强行矫正改为右手。如果硬是改变儿童的用手习惯，那么势必就会打破大脑运动中枢的调节机制，引起脑功能紊乱。这不仅会使儿童失去左利手的优势，而且还有可能导致儿童言语功能障碍，出现口吃或朗读不流畅等困难。因为人的运动中枢不单单支配手和脚，还要支配言语器官的协调活动。可见优势脑为右半球的儿童，硬是改变用手习惯，由左

手换为右手，那么原非优势脑的左半球承担起支配调节的主导任务，当然会感到力所不及了。因而口吃现象在那些被强制改用右手的左撇子身上显得格外严重。因为改手而患上口吃症，岂不因小失大得不偿失！

我国左利手的人数比例同世界其他国家相比不是很高，但这并不说明我们左利手的人就少。实际在右利手的人中，就有一部分是从小被家长强迫由左利手改成右利手的。某些人由于对左利手现象持有某种偏见，所以当发现孩子喜欢用左手时，就马上加以纠正，改成右手。我们常见外国的学生有用左手握笔写字的现象，但这种现象在我们生活的周围却极为罕见。倘若有这种现象，也会被人看成是不正常的表现，难怪左撇子的学生有势单力薄之感，承受不该承受的苦恼。

现代医学理论坚决主张，不要试图去改变孩子们的用手习惯。

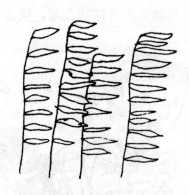

心理器官的保健

脑是心理的器官，而脑并非人所独有。在自然界中，很多动物也有脑，因而这些动物也有心理。但由于动物脑与人脑结构不同，人脑是由动物脑进化而来，比动物脑更高级更复杂，所以人的心理比动物的心理有更复杂的反映形式和丰富的社会内容。正因为人脑与人的心理有如此密切的关系，因此注意脑的保健，懂得用脑卫生，不仅有利于脑的生理健康，而且也有助于心理水平的发展与提高。

人脑如同一架精密的仪器，实际脑比精密的仪器还精密，再精密的仪器也是人脑智慧的结晶，所以脑有很高的灵敏性。但如果不加以利用，脑也会生锈，使人愚钝。凡是饱食终日无所用心的人，肯定不会有大的作为。因为脑器官也遵循"用进废退"的原则，不经常使用，功能就会退化。而经常用脑，则会增强脑细胞的灵敏度，使脑越发聪明。利用聪明的大脑，便会创造出人间奇迹。如曹雪芹的《红楼梦》，贝多芬的《命运交响曲》以及发射人造卫星、宇宙飞船等，都是人脑奇特功能的见证。然而人的脑组织也有娇嫩和脆弱的一面，尽管在进化的进程中，已由坚硬的颅骨把脑保护起来，但如果人在后天使用不当，同样会使脑细胞受到损伤，影响它的心理功能。如有的学生为了赶课程，应付升学和考试，不分白天黑夜，一个劲地看书学习写作业，结果造成脑疲劳。脑在疲劳的状态下继续工作和学习，人就会感到注意力不集中，记忆力减退，思维活动迟缓，甚至还会头晕耳鸣浑身乏力，严重的还能积劳成疾，导致植物性神经功能紊乱和内分泌失调，消化不良，食欲减退，动作呆滞，对病毒细菌的抵抗力减弱，引起生理病变。如果能科学合理用脑，就可以使脑经常处于最佳的工作状态，从而提高人的学习和工作效率。

在一般的情况下，人脑有自我防护的功能。当它过于劳累和疲倦，就会自行发生抑制，我们常见一些废寝忘食夜以继日工作的人，会在工作之时不自觉地打起盹来。也有的学生学习时间过长，就在看书写字的时候，头俯在桌面上睡过去了。这些都是脑过度疲劳而自行发生抑制的现象，这对脑有保护作用。但人不能总靠这种方式保护大脑，况且这样长期下去，会有损身心健康的。

科学用脑，应使大脑有劳有逸，既要大脑运转灵活，又要大脑得以休息。越是任务重和学习紧张之时，越要讲究用脑卫生，加强脑的保健，为了做到这一点，应注意下列几个条件：

一、要保证充足的睡眠

睡眠决不是浪费生命，而是生命中的一项重要内容，是人的生理和心理的需要。我们都有这样的体验，晚上的睡眠睡得深和熟，早晨起来头脑特别清醒。这就是睡眠使大脑及全身各器官都得以充分的休息而消除疲劳的结果。俗话说"磨刀不误砍柴工"。充足的睡眠可使脑细胞兴奋加强，从而感知清晰，记忆深刻，思维敏捷。如果有条件，利用中午的午休时间，小睡半小时或十分钟，也会使人精神焕发，提高下午的学习效率。

二、变换工作或学习内容

长时间从事一项活动，单调疲乏，很想休息。但休息并不就是睡觉或闲着无事。当从事某项活动感到疲劳时，就把这项活动停下改换成其他活动，这既可以使原来工作疲劳的脑细胞得到休息，又可使原来已曾休息过的脑细胞进行活动，提高单位时间活动效率，可谓一举两得。马克思在研究共产主义理论时，每当疲劳就用演算数学题的方式进行休息。托尔斯泰写《战争与和平》的 6 年里，利用休息时间学习希腊文。中学生不妨也可以这样安排自己的学习活动，把文理科进行交叉学习，这会提高学习效率，还会节省很多时间。

三、保证脑的物质营养

脑是人体的一个器官，同人的生命联系在一起，它需要有多种成分的物质营养。而营养的供应很重要的一条渠道是通过进食来获得。所以中学生要保证一日三餐不偏食，尤其要吃饱早饭。现在有不少中学生因上学早或贪睡早觉，清晨起床后匆忙洗漱不吃早饭背着书包就上学去了。如果学校不设课间餐，那么就要空着肚子学习一个上午。紧张的脑力劳动，营养供应不上，时间一长就会出现贫血和营养不良症状，甚至还会染上其他疾病。

另外，脑细胞还需要有充足的氧气进行新陈代谢。人的脑细胞如果有一分半钟得不到氧气，就会失去知觉。五六分钟缺氧，脑组织就会坏死。因此，无论是家庭住室还是学校教室，都要注意保持空气清新。尤其是冬季门窗关闭，室内烧炉取暖，更要注意通风。并且要组织室外活动，课间十分钟一定要充分利用。

四、保持乐观的情绪状态

情绪与健康关系密切，并直接影响脑的工作效率。紧张、焦虑、苦闷、忧郁的情绪状态，会加重脑的负担，使脑细胞极易疲劳，能量消耗过甚。这样就会导致脑神经衰弱或脑功能障碍。有的家长和老师采用高压、强制和恐吓的办法教育学生，致使学生精神压力过大，情绪不佳，内心冲突加剧，灰心丧气，颓废绝望，这都有损脑的健康。反之，如果学生能经常保持愉快乐观的情绪，心胸开朗，善于排除无关干扰，不为琐事烦恼，这样就不会使脑细胞徒劳伤损，人就会感到精力旺盛，头脑清醒，学习效果自然会好。

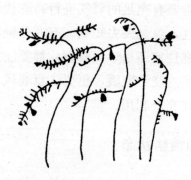

久入芝兰之室，何以不闻其香

常言道："入芝兰之室，久而不闻其香；入鲍鱼之肆，久而不闻其臭。"意思是说，在有芝或兰浓香花草的屋子里，待的时间长了，人就会闻不出芝兰的芬芳气味；在卖鲍鱼的铺子里，停留时间久了，也就会嗅不到鲍鱼的那股腥臭味。事实真是如此。这是什么原因呢？心理学把这种现象解释为"感觉的适应"。

所谓感觉的适应，是指人的感受器官由于受到刺激物的持续作用其感受能力所发生的变化现象。在芝兰之室，在鲍鱼之肆，之所以嗅不出香臭来，就是因为"久"的缘故。是由于一种气味的长时间作用而引起人的嗅感受器官对这种气味的感受性逐渐降低或暂时消失，因此这种现象我们也可以称其为嗅感觉的适应。

感觉的适应现象存在于人的各类感觉之中，但各自适应的速度和表现方式不尽相同。一般说来，嗅感觉的适应发生得比较快，并且在日常生活中随时都会表现出来。去朋友家做客，去医院看病，去食堂吃饭，去浴池洗澡……每乍到一处，都会嗅到每一处所独有的气息。但是只要多停留一会儿，那特有的气味刺激就会逐渐由强变弱，乃至最后化为乌有。不过，嗅觉的适应也有一定的选择性，有的气味只需要几十秒钟的刺激人就能够达到完全适应，而有的气味则需要几十分钟的作用方能使嗅觉适应。

人的皮肤感觉的适应也是很明显的。平时我们在热水盆里洗澡，刚进水里的时候，常常觉得水很热，可过一小会儿，就会觉得水并不怎么热。夏天到江河里去游泳，刚进到水里都会觉得水很凉，凉得人直打冷战，但只要坚持在水里泡上几分钟，就会发现这水实际并不凉。这是人的皮肤温度感觉的适应。当然，对于特别冷和特别热的温度刺激，皮肤感觉也难适应，甚至根本不能适应。在肤觉中，触压感觉的适应也常见。天冷了，身上多加一件厚衣服或穿上棉衣，开始总觉得有些沉重，但穿上以后也就逐渐地适应了，感觉不到衣服给皮肤带来的压力和负担。还有的人经常会戴着手表找手表，戴着眼镜找眼镜，这都是由于手表和眼镜对人的皮肤刺激时间较长而使人的皮肤感觉产生适应的结果，新戴眼镜和刚戴手表的人很少有这种现象。

人的味觉也有适应。都说饺子好吃，但饱餐一顿吃了几十个饺子，真正有滋有味的莫过于第一个饺子。吃完糖的人再去尝蜜，不会觉得蜜甜。能吃下第一个辣椒的人，后面再吃下几个也不会觉得辣口。厨师做菜如果只靠口尝定咸淡的话，那么越是后做的菜就会越咸。

听觉有适应现象，但不太明显。一般情况下，那些刺激强度不大的比较单调的声音刺激，容易引起听觉的适应。夏日里连绵淅沥的小雨、居家使用的挂钟座表的摆动声，持续时间一长往往就不被听觉所感受，甚至还会使人产生抑制有昏昏欲睡之意。催眠曲就是利用这个原理而发挥作用的。但是人的听觉对于类似机器轰鸣、金属的撞击摩擦以及高音喇叭吼叫等各类噪音，很难适应。如果人的听觉器官在噪音的长期刺激下，不再感受到噪音的存在，那么这就不是正常的听觉适应现象，而是听觉功能出现故障或者已经丧失了听觉的能力，这是噪音对人体的伤害所致。所以现代环境卫生科学把噪音列为环境污染的有害因素之一。青少年学生应当注意防止噪音对听觉的伤害。

视感觉的适应比较复杂且又特殊。日常生活中我们都有这样的经验，大白天当我们从光线比较明亮的地方走进一家电影院去看电影，进场时正赶上影片放映前闭灯的那一瞬间，于是我们只觉得眼前是一片漆黑的世界，什么也看不见，不知人行过道在何处，更找不到排次座号。此时如若瞎摸乱闯，就会很不礼貌地碰撞别人。可是如果稍微站定一会儿，情况就会大不一样，我们的眼前不再是漆黑一团，物体的轮廓逐渐可辨。这种现象正是视觉适应的一种表现，心理学称其为"暗光适应"，也叫"暗适应"。反之，当我们从暗光的地方走到强光之处时，最初两眼也是看不清事物，只觉得光线耀眼炫目，甚至还有不舒服的感觉。但是过一小会儿，视力就又恢复正常。这种现象同样也是视觉适应的一种表现，心理学称其为"明光适应"，也叫"明适应"。

过去有人认为明适应是视感受性的降低，暗适应是视感受性的提高。但现在经科学研究证明，视觉的这两种适应现象与视觉感受器官即视网膜上的感光细胞的结构和功能有关。关于这方面的内容本书其他章已有介绍，这里不再多说。

在人的所有感觉中，最不容易发生适应，甚至可以说完全不可能发生适应的是痛觉。人对任何疼痛都不会因为它持续时间长久而变得毫无所知，痛觉的不适应对于人维护自身安全和保健具有重要意义，因为凡是疼痛就意味着机体受到损伤，或者说明有损伤机体的刺激物正在伤害机体，从而能提醒人及时想办法排除有害刺激物，或者对损伤的机体部位进行救治。否则，机体的病变和损伤不能引起人的疼痛感觉，人就无法进行自卫，个体的生存就没有保障。可见人在进化的过程中，各种感觉的适应与不适应，都具有一定的生物学意义。

根据感觉适应的原理我们领悟到：客观事物对于人的影响的大小并不完全取决于作用时间的长短。单调的刺激持续时间越长，人的感受能力反倒降低，甚至可以达到不知的程度，犹如入芝兰之室久而不闻其香一样。在学校教学过程中，有些学生对家长和老师的反复说教不加理会，上课学习注意力不集中，或者显得乏力困倦，这些表现除有其他方面的原因外，也不能排除学生有感觉适应方面的因素。有的老师上课面

目表情呆板，声调平淡，语言重复，教学方法千篇一律，这些作为持久性刺激，学生早已司空见惯习以为常。因此，说话讲究抑扬顿挫，教学方法注意灵活多变，活动内容尽量丰富多彩，这是避免或减少学生感觉适应的有效办法，它能提高学生各种感官的感受性，激发学习兴趣，增强教学效果。

情绪与健康

人非草木，孰能无情？成功的喜悦，失败的痛苦，远离家乡的思念，亲人团聚的幸福……缕缕情丝，无不牵动人的心肠肺腑。就是这些喜、怒、哀、乐，编织成人生多彩的生活，同时也关联着人体的健康。

俄国著名生理学家巴甫洛夫指出："一切顽固沉重的忧郁和焦虑，足以给各种疾病大开方便之门"，"愉快可以使你对生命的每一跳动，对于生活的每一印象易于感受，不论躯体和精神上的愉快都是如此，可以使身体发展，身体健康"。

现代医学通过大量地观察和实验证实，人在强烈的消极情绪持续作用下，会患某些疾病。如偏头疼、原发性高血压、冠心病、心律失常、支气管哮喘、消化道溃疡、牙痛、糖尿病、甲状腺机能亢进、月经不调、过敏性皮肤病等，这些疾病的产生很大程度与病人长期情绪不佳有关。医学界把这些由于情绪等心理因素而诱发的疾病叫做心因性疾病。至于人的精神方面的疾病，则与情绪的关系更为密切。

不良的情绪为什么会导致躯体染患某些疾病？这是因为人的情绪波动和变化能引起人体内外器官生理活动也随之发生变化的缘故。据科学测定，人在情绪平静的时候，呼吸的频率每分钟约 20 次，但在愤怒的时候，频率可上升到 40 次，恐惧时高达 60 次以上，而在悲伤时却能降低到 9 次。如果受到突然惊吓，呼吸还可中断，出现暂时抑制现象。狂喜或突发的悲痛能使人呼吸肌痉挛。

循环系统的活动受情绪的影响也很明显。恐惧和暴怒能使人心跳加快，血压升高，血糖增加，血液内的化学成分发生变化。悲伤忧郁，血液循环减慢变弱。平时我们看到有人因情绪变化而面色苍白或面红耳赤，这就是由血管的收缩与舒张强烈的变化引起的。因此长期的情绪不佳，就会导致心血管疾病的发生。现实中有不少因心脏病猝死的患者，往往就是因为情绪激动、情感突变而造成的严重后果。

情绪的变化还会引起人体各类腺体分泌功能的变化。人在愤怒时，唾液腺分泌量减少或停止分泌，所以人会感到舌干口渴。情绪紧张和恐惧，汗腺分泌量增加，故身上多冷汗。悲哀时泪腺分泌量增加，眼泪夺眶而出。情绪激动，肾上腺大量分泌肾上腺素，导致心跳加速，血液循环加快，血压升高，瞳孔放大，皮肤充血，肌肉紧张度提高。人在焦急不安时，抗利尿激素分泌抑制，因而使人排尿次数增加。忧郁焦虑以及不愉快的情绪还会抑制胃肠蠕动和消化液的分泌，所以人没有食欲，茶饭不思或食而无味。愤怒、恐惧和激动的情绪，会使胃肠蠕动加快，胃液分泌量及其酸度增加，长期刺激会导致胃黏膜糜烂，形成溃疡。在青少年学生中，有些人每临考试或上学要迟到等紧张之时，就会发生腹泻，医生称这种疾病为神经性腹泻，是结肠过敏的表现。而结肠过敏的原因就是由情绪变化所致。说不定在以前的什么时候，由于某种情绪的刺激，导致结肠活动功能紊乱，形成了条件反射。以后只要情绪一紧张，就伴随腹泻出现。紧张情绪消除，腹泻随之好转。

情绪与皮肤的健康也有直接联系。如神经性皮炎、瘙痒症、荨麻疹、斑秃（俗称鬼剃头）、酒糟鼻、多汗症等，这些皮肤病与情绪变化有显著关系。还有白发、湿疹、白癜风、牛皮癣等皮肤病，也与情绪相关。有经验的医生在接治这类疾病的患者时，总是力图找到致病的心理因素，这样才能达到理想的疗效。

有的牙痛患者，其口腔和牙齿并未发生病变，而是因为受到某种精神刺激情绪不佳造成的。吵嘴、打架、闹别扭、着急上火、怄气、暴怒，都可能成为牙痛的诱因。这种牙痛就属于心因性疾病。年轻人的患病率比较高。采用针刺和暗示疗法便可治愈。

癌症也与情绪有关。英国一位医生对250名癌症患者做过调查，发现其中有156人患病前有过重大生活创伤。他的结论是"压抑容易使人得癌"。我国在河北、山东、河南、山西及北京市的食道癌普查中，也证实了情绪因素与食道癌的发生发展有密切关系。

我国的中医理论认为，人的任何一种情绪，只要超过一定限度，都会给人造成有害的影响。"喜伤心，怒伤肝，忧伤肺，思伤脾，恐伤肾"，这些诊断都是很有科学道理的。

青少年学生，正值情绪高亢，热情奔放，激情满怀的时期。但由于思想还不成熟，自制能力不强，所以情绪表现不稳定，波动起伏比较大，并且具有明显的两极性。一件小事的成功，会沾沾自喜，趾高气扬，自以为了不起，天下无难事。碰到一点点挫折或偶然的失败，就会痛苦懊丧，悲观失望，甚至对前途感到暗淡渺茫，以至厌世轻生，自杀身亡。因此培养青少年稳定而健康的情绪，是促进青少年身心发展的有利保障。同时，健康的情绪也有利于学生的学习。心绪不佳或处在极端的情绪状态下，人的认知范围狭窄，各种能力下降，这样势必妨碍对所学内容的理解、掌握和运用。

影响青少年学生情绪变化的因素很多，家庭生活中重大事故的发生，环境的变化和习惯的改变，校内外的人际关系，学习成绩与课业负担，个人身体健康状况，家长和老师的教育方式和态度等，都会引起学生情绪上的变化。

克服学生不良或过激的情绪，家长和老师只能从外在条件方面给学生创造一个宽松和谐的生活与学习环境，不使学生精神过于紧张和焦虑。而培养学生自我调节和控制情绪的能力，则是保持学生健康情绪的内在条件。为了做到这一点，首先应该培养学生具有科学的世界观和革

命的人生观，因为这是制约学生对客观事物的态度和看法的关键。一个
人具有坚定的信念和明确的奋斗目标，以乐观的态度对待困难和人生，
那他就不会有愁苦、沮丧、颓废和绝望。另外要培养学生坚强的意志和
社会主义道德品质，这样就可缓解和预防情绪的盲目性和冲动性，自觉
地依据社会行为规范约束自己，没有压抑之感。对于个别情绪极易激动
的学生，要适时恰当地给以暗示和提醒，帮助他们逐渐形成自制的习
惯。个人的修养对情绪发生的强度、性质及其表现方式有很大影响。有
时因特殊原因情绪难以平静，但理智又告诉自己不能爆发，这时应该选
择合理的宣泄方式。如听音乐、看电影、打球、游泳、读课文、写作业
等，用这些活动来缓冲或转移强烈的不良情绪。过度的愤怒可以去惩罚
墙壁，用手击墙。过度的悲哀可以到无人处号啕大哭一场。这样既不伤
身，也无不良后果，心理还可得到平衡。有时还可利用"酸葡萄"和

"甜柠檬"心理来调节情绪。当想要的东西没有得到或想要参加的活动没有机会，这时就可以这样想："这东西本来就不怎么样，给了我会成负担的""那项活动没参加，倒省了我不少时间"。这就是一种"酸葡萄"心理，当吃不到葡萄的时候，你就说它酸好了，自然心平气和。当自己从事的活动与别人不一样时，不要想别人的活动比自己的好，而是想"只有我这项活动最有趣，最有意义"，这就是一种"甜柠檬"心理。它能使人对自己当前的条件感到满意，安于本职工作，不见异思迁，不产生大的情绪波动。

青少年学生正值身心发展的重要时期，一定要学会控制和调节自己的情绪，保证身体健康，形成良好的个性品质。

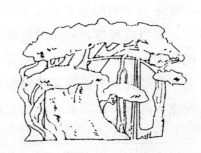

理想与空想

中学生恰值青少年时代。有人说人生的这个时候正是"多梦的季节"，这话说得一点也不错。当然，这里所说的"梦"不是指晚上睡觉做的梦，而是"幻想"一词的代用。换言之就是说青少年时期正是人生多幻想的时期。

当年，我们也曾从那个时代走过来。尽管那时的生活条件同现在大不一样，但青少年所特有的对人生的设想、对未来的憧憬，同现在的青少年相比，都是一样的美好。

现在回顾起来，才发觉当年的幻想有很多是不切实际的胡思乱想。然而当时却把这些胡思乱想当成理想，一味地追求，一味地向往，因没能实现而苦恼怅惘。现在的中学生也许正在体验着由于自己有了美丽的幻想而激奋的心情，也许已经有了为追寻某些幻想而耗神费力但终不得实现的彷徨。对此，我想告诉青少年朋友，莫把空想当理想，幻想并不都是理想。

心理学把幻想归为想象范围，它是指向于未来，表现人的某种愿望的一种想象。很多儿童在刚上学的时候，就能回答出自己将来要做什么的问题，如有的说"我要当解放军"，也有的说"我要当科学家""我要当飞行员"等。实际上这就是小学生对于自己未来的幻想。

人的幻想有积极和消极之分。所谓积极的幻想是指幻想的内容符合客观事物发展变化的规律，通过努力，在未来的岁月能变成现实。比如我们对共产主义的幻想，就属积极幻想。因为它符合人类社会运动发展的规律，不管它距离现在有多么遥远，但终有一天它会变为现实。积极的幻想也叫理想，所以我们对共产主义的幻想也可说成是我们的理想。理想对于每个人来说，都是必要的心理生活。只有胸怀理想，追求美好的未来，才能激励我们今天的奋发热情，我们才有勇气和毅力克服当前的困难和挫折。如果一个人失去了理想，那么他的灵魂就等于死亡，他的现实生活就失去了意义。古人说："哀莫大于心死。"就是这个意思。可见理想对于一个人的生命具有何等重要的价值。但是理想不会自己实现，尽管它符合事物的发展规律，但不为之努力奋斗，它也不会自行变成现实，就像共产主义不会自己到来一样。

所谓消极的幻想，是指幻想的内容不符合或者是违背客观规律的，不管主观努力与否，它都没有实现的可能性。因此，越是抱着消极幻想不放的人，受到的惩罚越重，栽的跟头越疼。消极的幻想就是我们平时所说的空想。

现实生活中，很多青少年学生分不清什么是理想，什么是空想，常常把空想当理想。所以当空想化成肥皂泡的时候，竟然以为是理想的破灭。于是怨天尤人，忧郁苦闷，甚至会自暴自弃，一蹶不振。

人的理想是社会生活的产物。它的实现程度受主体与客体多方面因素制约。因此，青少年学生在选择和确定个人的理想目标时，一定要从主体与客体的实际出发。虽然理想是指向于未来的愿望，但它能得以实现是离不开今天的现实条件的。如果主观与客观有矛盾，那么就会阻碍理想的实现，或者说这种理想实际上可能是空想。比如一名高中生对自己未来职业的理想选择，从社会需要考虑，可能搞尖端物理更是国家建设之所需，但从自己的实际情况来看，当前的物理学课是学习最差的一科，那么就不要把从事尖端物理研究作为自己的理想职业，否则注定失败。又如现在歌星走红，可你的声带偏偏五音不全，这样你就不要往歌坛上打主意了。同一项奋斗目标，对别人可能是理想，而对自己则可能是空想。社会需要千行万行，行行都能出状元。一个人为什么要抱定空想而徒劳呢？中学毕业生面对升学和就业两种前途，到底选择什么专业和职业，这需要对自己有个客观的认识，看看自己最适合干什么，确定好目标，踏踏实实地学习，打好基础，即使不上大学，将来的成功也有可能属于你。中学生没有必要都去挤那条通往大学的独木桥，关键是要确定好理想。

当然，青少年爱想入非非。凡是美好的东西都想去追求，少年多志嘛！但最后拥有的还是最符合实际的东西。一般说来，初中阶段的学生，理想不够稳定，变动比较多，常常带有具体形象的特点，受情境制约。读一本小说，看一部电影，听一次报告，就可能受其中某些人物突出的特点和表现所感染而改变自己原来的理想。所以初中学生往往是今天想当科学家，明天又想当警察，容易见异思迁，并且注重行为的表面性特点。常把鲁莽当勇敢，把狡诈当智慧，崇仰模仿。相比之下，高中学生的理想就比较趋于稳定，基本上摆脱了具体形象的局限，能把过去自己曾经喜欢和敬仰的众多形象通过综合和概括，取其本质的方面，结合自己的条件特点，确立自己的人生方向。不过高中生在选择和确定自己的理想目标时，容易出现"鼠目寸光"和"好高骛远"的倾向。这种倾向对于个人理想目标的高低和成就的大小，将产生不可估量的影响。

希望青少年朋友们，都能扬起自己理想的风帆，在未来的世界中，都能以自己独有的风采，展现出来！

学生的禀性为什么不一样

　　相同年龄的学生，在同一所学校同一个班级里读书，然而各自的禀性却不一样。有的活泼好动，有的沉静稳重，有的待人温和，有的办事急躁，有的爱说爱笑，有的沉默寡言。人的禀性为什么会有如此大的差别呢？

　　从心理学的角度来看，人的这些不同表现都属于气质特征方面的内容。当然心理学说的"气质"同日常用语中的"气质"含义是不一样的。平时所说的气质主要指人的风度和仪表，而心理学上的气质主要指人在知觉的速度、思维的灵活程度、注意集中时间的长短、情绪反应的强弱、意志努力程度等各方面所表现出来的个性特征，因此气质能使一个人整个心理表现都染上一种独特的色彩，表现出个人所独有的脾气和禀性。

　　人的气质即人的禀性为什么会有不同的特征表现？人类从古到今，一直在研究这个问题，形成很多理论和学说。有些理论现在还很有影响。这里选择几个介绍一下，以使同学们有所了解。

一、我国古代的阴阳五行学说

　　早在春秋战国时期，我国就有气质方面的研究资料。当时我们的祖先把整个物质世界都看成是由阴阳两个对立面组成的，如天地间，天为阳地为阴；日月之间，日为阳月为阴；人类之间男人为阳女人为阴；一人的躯体上为阳下为阴，气为阳血为阴，等等。并且还把金、木、水、火、土看成是万物的起源，称为五行。限于这种认识，对于人的心理现象也用阴阳五行学说加以解释。根据人体阴阳两方面的强弱多少，把人的气质分成太阳、少阳、太阴、少阴和阴阳平和五种类型。根据五行学说，把人分成金、木、水、火、土五类。各种类型的人，肤色、体态、行为表现各不相同。这种解释虽缺乏科学依据，但就当时条件，这种唯物主义观点是难能可贵的。

二、古希腊的体液说

公元前 5 世纪，希腊医生希波科拉特认为，人体内有四种液体，即生于脑的黏液、生于肝的黄胆汁、生于胃的黑胆汁、生于心脏的血液。它们的混合比例决定人体健康。后来有人又发展了这种思想，总结出人的心理特征也与这四种液体混合比例有关，并以此划分出人的气质类型。把在混合液中血液成分大的叫多血质，黏液成分高的叫黏液质，黄胆汁占优势的叫胆汁质，黑胆汁占优势的叫抑郁质。这种划分虽然不够科学，但确定的这四种气质类型却很符合人的心理实际，因此这四种气质类型名称被保留下来。

三、体型说

德国精神病学家克瑞奇米尔，根据自己多年对精神病患者的临床经验，认为人的气质特征以及所患精神病种类与人的体型有一定关系。他把人按体型分成两类，一类是瘦长型，这类人身躯和四肢细长，皮肤干燥，骨骼和肌肉都不发达，气质表现为孤僻、严肃、沉静、多思虑，分裂性精神病多属于这种类型的人。另一类是矮胖型，身材不高，脂肪丰富，四肢粗短，气质表现为情绪不稳定，一时高兴得欣喜若狂，一时又消沉抑郁，狂躁抑郁性精神病属于这种类型的人比较多。后来美国心理学家谢尔顿在此基础上，根据形成体型的基本成分——胚层（也叫胚叶），把人分成胖、中、瘦三种类型。以体型划分气质类型是不科学的，把对精神病患者的观察资料推广到正常人心理活动的描述上，显然是片面的。

四、血型说

日本的古川竹二认为气质与血型关系密切。他认为 A 型血的人，气质特征是消极保守，性情温和，老实稳妥，多疑虑，怕羞，顺从，独居少断，感情易冲动，常懊丧追悔。B 型血的人，气质特征是积极进取，感觉灵敏，不怕羞，不易受感动，长于社交，善言，好管闲事。AB 型血的人，气质特征以 A 型为主，内里是 A 型特征，外表是 B 型特征。O 型血的人，能积极进取，志向坚定，好胜霸道，不听指挥，爱指使别人，有胆识，不愿吃亏。这种划分到目前为止科学依据不足。古川竹二曾说自己研究成果准确率达 80%，但经他人验证，血型与气质相关的准确率为 30% 到 50%。还有持相同观点的野见寿隆在研究成果中指出 A 型血为最佳血型。这与古川竹二的看法是不一致的。近年日本的心理学界掀起一股血型热，择友选偶，招聘政商机构工作人员，都有以血型为取舍条件的。

五、激素说

柏尔曼的气质激素学说是在气质理论研究领域影响最大的一种理论。这种理论认为：人的内分泌腺的活动与气质类型有关，并根据某种腺体发达情况，把人分成甲状腺型、脑垂体型、肾上腺分泌活动型、甲状旁腺型、性腺过分活动型。甲状腺分泌过多的人表现为主观、任性、自信心过强，而分泌过少的人则有迟钝、缓慢、不好动的特点。脑垂体型人温顺、细心、能忍受痛苦、有耐性。甲状旁腺型人常有侵犯性行为。性腺机能亢进者，富有侵犯性特点，而性腺机能不振者，则侵犯性较少，容易对文学、艺术、音乐感兴趣。

这种理论已被科学研究所验证，人的情感和行为等气质方面的表现确实与体内激素分泌有关。但这一学说过分夸大了内分泌腺本身活动的作用，却忽略了人的神经系统对内分泌的支配调节，故未从根本上找到影响气质的生理基础。

六、高级神经活动类型说

高级神经活动类型与气质类型对照表

高级神经活动类型			气质类型
强型	不平衡（不可遏制型）		胆汁质
	平衡	灵活（活泼型）	多血质
		不灵活（安静型）	黏液质
弱型	（抑制型）		抑郁质

巴甫洛夫通过大量的实验研究，发现动物高级神经系统兴奋和抑制过程具有强度性、平衡性和灵活性三种基本特点。他根据这三种特点的独特结合，把动物的高级神经系统分成四种类型，并且确认，这四种神经类型与人的神经类型相吻合。他还认为，高级神经活动类型是人的气质类型的生理基础，二者的关系如上表所示。由于胆汁质气质的人受强而不平衡的神经类型制约，所以这种气质类型的人特征是情绪发生得快，带有爆发性特点，情绪体验强烈，具有明显的外部表现。日常生活中表现出热情直爽，精力旺盛，不易疲劳，自制能力差，性情急躁爱冲动，办事粗心等，像《水浒传》中的李逵就是典型的胆汁质气质类型。多血质的特征是情绪发生快并有形于外，但不强烈。生活中表现出热情活泼，爱说爱笑，善交际，动作迅速敏捷灵活，兴趣广泛，适应能力强，但有些粗心浮躁，注意力和兴趣不大稳定，情感体验有些肤浅。黏液质的特征是情绪发生缓慢微弱，喜怒哀乐无形于色。平时表现为心平气和，沉着冷静不易激动，踏实稳重，自制能力强，但动作有些迟缓，说话慢条斯理，且言语不多，遵守纪律，恪守秩序，但拘谨古板，灵活性不足。抑郁质的特征是情绪发生慢，而且脆弱，比较敏感，体验深刻，很少外露，动作滞缓刻板，性情孤僻，办事优柔寡断，多愁善感。《红楼梦》中的林黛玉就是这种气质类型的人。

上述各种气质类型的学说，各从不同的角度解释了气质的由来和特征表现。其中最有科学性的在心理学界受到普遍承认的是巴甫洛夫的高级神经活动类型学说。

人的气质类型及其特征表现受遗传因素的影响较大。在人的所有心理现象中，只有气质可以说是与生俱来的，婴儿出生不久便能看出他的气质类型特征来。但人的气质类型特征也并不是固定不变的，后天的学习、教育和实践完全可以使人的某些气质特征发生变化。人的年龄越大，社会化程度越高，气质的自然性特征表现得越不明显，有些气质特征会被性格所掩盖，甚至于还会受到改造。如胆汁质的人，本来气质特征是易冲动，脾气暴躁，但形成自制的性格后，就能通过性格调节控制自己不冲动不发火。所以人的脾气禀性既有天生稳定的方面，又有后天可变的方面。学生的脾气禀性各异，这是个性特征的正常表现。但有些属于不太好的脾气，个人应该在学习和受教育的过程中把它改掉。

气质类型的鉴定

心理科学的发展，已能够帮助人们对一些心理现象进行鉴定和测量。虽然手段还不够完善，客观指标有失精密，但这终究是人类认识自身的一大进步。对于人的气质类型，心理学已拥有若干种的鉴定办法。这里给同学们介绍由张拓基和陈会昌编制的《六十题气质调查表》，应用比较简便，可以自己单独进行鉴定。六十题的内容是：

①做事力求稳妥，不做无把握的事。

②遇到可气的事就怒不可遏，想把心里话全说出来才痛快。

③宁肯一个人干事，不愿很多人在一起。

④到一个新环境很快就能适应。

⑤厌恶那些强烈的刺激，如尖叫、噪音、危险镜头等。

⑥和人争吵时，总是先发制人，喜欢挑衅。

⑦喜欢安静的环境。

⑧善于与人交往。

⑨羡慕那种善于克制自己感情的人。

⑩生活有规律，很少违反作息时间。

⑪在多数情况下情绪是乐观的。

⑫碰到陌生人觉得很拘束。

⑬遇到令人气愤的事，能很好的自我克制。

⑭做事总是有旺盛的精力。

⑮遇到问题常常举棋不定，优柔寡断。

⑯在人群中从不觉得过分拘束。

⑰情绪高昂时，觉得干什么都有趣；情绪低落时，又觉得什么都没有意思。

⑱当注意力集中于一事物时，别的事物很难使我分心。

⑲理解问题总比别人快。

⑳碰到危险情景时，常有一种极度恐惧感。

㉑对学习、工作、事业怀有很高的热情。

㉒能够长时间做枯燥、单调的工作。

㉓符合兴趣的事情，干起来劲头十足，否则就不想干。

㉔一点小事就能引起情绪波动。

㉕讨厌做那种需要耐心、细致地工作。

㉖与人交往不卑不亢。

㉗喜欢参加热烈的活动。

㉘爱看感情细腻、描写人物内心活动的文学作品。

㉙工作学习时间长了，常感到厌倦。

㉚不喜欢长时间谈论一个问题，愿意实际动手干。

㉛宁愿侃侃而谈，不愿窃窃私语。

㉜别人说我总是闷闷不乐。

㉝理解问题常比别人慢些。

㉞疲倦时只要短暂的休息就能精神抖擞，重新投入工作。

㉟心里有话，宁愿自己想，不愿说出来。

㊱认准一个目标就希望尽快实现，不达目的，誓不罢休。

㊲和别人同样学习、工作一段时间后，常比别人更疲倦。

㊳做事有些莽撞，常常不考虑后果。

㊴老师或师傅讲授新知识、新技术时，总希望他讲慢些，多重复

几遍。

㊵能够很快地忘记那些不愉快的事情。

㊶做作业或完成一件工作总比别人花的时间多。

㊷喜欢运动量大的剧烈的体育运动，或参加各种文艺活动。

㊸不能很快地把注意从一件事转到另一件事上去。

㊹接受一个任务后，就希望把它迅速解决。

㊺认为墨守成规比冒风险强些。

㊻能够同时注意几件事物。

㊼当我烦闷的时候，别人很难使我高兴起来。

㊽爱看情节起伏跌宕、激动人心的小说。

㊾对工作抱认真严谨、始终一贯的态度。

㊿和周围人们的关系总是相处不好。

51喜欢复习学过的知识，重复做已经掌握的工作。

52希望做变化大、花样多的工作。

53小时候会背的诗歌，我似乎比别人记得清楚。

54别人说我"语出伤人"，可我并不觉得这样。

55在体育活动中，常因反应慢而落后。

56反应敏捷，头脑机智。

57喜欢有条理而不甚麻烦的工作。

58兴奋的事常常使我失眠。

59老师讲新概念，常常听不懂，但是弄懂以后就很难忘记。

60假如工作枯燥无味，马上就会情绪低落。

通过这六十题的内容，怎样鉴定个人的气质类型呢？方法是这样的：

对于上述的每一个问题，凡是认为很符合自己情况的就记2分，比较符合的记1分，介于符合和不符合之间的记0分，比较不符合的记—1分，完全不符合的记—2分。然后按题序把分数填在统计表内，计算出每一类栏目内的总分。如果某一类气质栏内得分明显高出其他三类，高出分最少在 4 分以上，那么你就是这种高分类的气质。倘若某栏得分超过 20 分以上，则说明你是典型的那类气质。得分在 10 分到 20 分之间，便为一般型。如果两类气质得分接近，相差低于 3 分，而且又明显高出另两类，高出 4 分以上，那么你就是这两类气质的混合型。如果三类气质得分接近且又高出另一类 4 分以上，便是三类气质的混合型。如果四类气质分数都接近，就是四类气质的混合型。现实中真正属于某种典型气质的人不多，大多数人都是混合型气质。这样说来，人的气质就不是四种类型，而是很多种类型。

　　知道了自己的气质类型之后，接着还要了解下面的有关情况。

各类题目分数统计表

胆汁质	题号	2	6	9	14	17	21	27	31	36	38	42	48	50	54	58	总分
	得分																
多血质	题号	4	8	11	16	19	23	25	29	34	40	44	46	52	56	60	总分
	得分																
黏液质	题号	1	7	10	13	18	22	26	30	33	39	43	45	49	55	57	总分
	得分																
抑郁质	题号	3	5	12	15	20	24	28	32	35	37	41	47	51	53	59	总分
	得分																

一、人的气质有类型之别，但各种类型无好坏之分

　　每种气质类型都有积极的方面，也有消极的方面。每种气质类型的人，都有形成良好个性品质和不良个性品质的可能。胆汁质的学生，有形成开朗热情、勇敢刚强优秀品质的可能，也有形成行为粗鲁、性情暴躁品质的可能。多血质的学生有可能形成活泼、乐观、善交际、富有同情心的好品质，也有可能形成轻浮、粗心、不求甚解、好见异思迁的不

良品质。黏液质的学生容易形成踏实、冷静、自制的好品质，但也可能成为暮气沉沉、循规蹈矩、冷漠麻木的人。抑郁质的学生有可能形成思想敏锐、想象丰富、情感深刻的优良品质，但也容易成为孤僻、多疑、忧郁、怯懦的人。所以在认识自己气质特征的基础上，学会掌握和控制自己的气质特征表现，巩固积极方面，克服消极方面。

二、气质类型对个人活动的社会价值和成就大小不起决定作用

各种气质类型的人都有可能在某一实践领域做出巨大贡献，各种卓越的人才都可以从不同气质类型的学生中培养出来。俄国的四大文豪普希金是胆汁质，赫尔岑是多血质，克雷洛夫是黏液质，果戈理是抑郁质，但他们在文学领域里都获得了成功。所以通过鉴定知道自己属于哪类气质这并不是主要的，重要的是要全面了解自我，以便在今后的学习活动中更自觉地扬长避短，加强心理各方面品质的修养。

当然这不是说人的气质对于人的实践活动就没有任何意义。心理学一直承认人的气质特征不仅影响人的活动进行的方式，而且还影响人的活动效率。所以主张对从事某些特殊职业的人员，如高空飞机驾驶员、宇航员、潜海员、高级别的体育竞技运动员，都要进行气质鉴定，不合格者坚决淘汰。家庭和学校教育，也不能忽视学生气质方面的差异，因人施教就包含有对不同气质类型的学生采用不同教育方法的内容。

学生上课起立的心理学意义

自从上学开始，学生就学会并形成了只要有老师来到讲台上课就全体起立的习惯。师生面面相对，或问好或致意，虽礼仪方式不尽一致，但作为学校教学，上课时学生起立已成固定模式。多少年的传统，老师、学生都习以为常，谁也不觉得新鲜而奇怪。可是要问这上课之前，学生为什么要起立，不起立不也一样上课吗？这问题听起来简单，但回答起来却未必都能说得清楚。

仔细研究一下，不禁令人赞叹，首次提倡和实施学生上课起立的人，真是一位了不起的人。把学生起立作为课堂教学的序幕，其意义和作用，就是以当代人的眼光来看，也无可挑剔。这里仅从心理学的角度来谈谈学生上课起立对课堂教学活动的意义。

一、有转移学生注意的作用

学生在课前的自由活动时间里，各有所好，各行其是。有闲聊的，有搞游戏的，有看书的，有做习题的。一个班级里几十名学生的心理活动是各有所指。就在这种杂乱的状况下，如果不采取某种措施，教师就在黑板前讲起新课来，可想而知，教学效果会怎样的糟糕。可是通过学生起立这一步骤，拉开一堂课的序幕，它可以强令学生停止课前的一切活动。起立后坐下来重新开始学习必须是与本堂课老师所讲授的教学内容有关。这样就把学生原来曾指向于其他事物的心理活动统一集中到当前所要学的课程上来，提高教学效果。如果学生起立之后，坐下来继续从事课前的那项与本堂课无关的活动，那么就失去了起立的意义。由于注意没有及时转移，当堂课不能听好学好。这种做法实际是得不偿失。有些中学生学习不好，吃亏就在这里。总是上这堂课的时候，赶补前一堂课的内容，等到上下一堂课的时候，再赶补这堂课的内容。结果是哪堂课也没听清楚，哪门课也没学明白。与其这样稀里糊涂地赶课程，不如索性把前面的东西放下，留在课余时间去补做。现在是集中精力学好当堂课的内容。堂堂课听得明白，就不会出现学习上"欠债"的现象了。要想把当堂的课程学好，起立后就不要思想溜号或做与本堂课无关的事。起立意味着课前活动的结束，本堂课的教学活动即将开始。

二、有加强学生纪律训练的作用

学生起立，必须以立正姿势站好，面向前方，目视老师，或问好或行礼，全班学生行动表现一致。这种活动本身也可看做是对学生进行纪律行为的一种训练。久而久之，有利于学生形成集体主义观念，保持个人与集体的协调统一，养成遵守纪律维持秩序的好习惯。细心的老师，通过学生起立的表现，多少可以观察到每个学生在这个方面的修养程度。如有的学生起立时不是同大家一起迅速站起来，而是慢腾腾、懒洋洋，很不情愿的样子。站起来以后东张西望，低头弯腰。问好时说话带着拖腔，或怪声怪调。类似这样的学生，大多表现散漫，集体主义观念不强，在班级群体中可能属于后进的那一部分学生。所以教师对于学生起立这一活动，要有严格要求。不能简单地把起立看成是站起—坐下的机械运动。这里可以透视出学生情感、意志以及个性品质方面的一些特征。如果学生起立时行为表现参差不齐、松松垮垮，那么可以预言，这堂课的整个教学过程很难有良好的秩序做保证。

三、有培养学生在人际交往中讲究文明礼貌的作用

教室课堂不仅是老师和学生教与学的场所，而且也是社会生活人际交往的地方。师生之间，同学之间，彼此见面，相互交往，总要遵循一定的行为规范。老师来给学生上课，学生通过起立，向老师问好或致意，表达了学生对老师的欢迎和尊重。而作为老师，也同样要以礼作答，或给学生以诚恳和热情的问候，或给学生以庄严的敬礼。在这瞬间的时刻里，师生之间各自体现了自己的道德风貌。一个在师生之间交往中不注意文明礼貌的人，换了环境，与其他人交往，也不会是个有礼貌的人。学校一切活动都和育人有关，学生上课起立这一活动也不例外。文明程度较高的学生，起立时不会嘻皮笑脸，东倒西歪，前仰后合。

四、有增进师生之间感情交流的作用

学生上课起立，不是学生单方面的行为动作，而是师生之间双向的交流过程。虽然起立时间只是短暂的一会儿，师生彼此的行为和言语不多，但丰富的面部表情和善于表达心灵的眼睛，却可以使师生之间达到思想和情感上的沟通。有经验的老师，会充分利用这个机会给学生以无形的关怀和鼓励，而学生也会以特有的方式表达对老师的感激和信赖。师生之间，关系融洽，配合默契。反之，如果师生关系紧张，从课前起立这一举动，便能露出破绽。

总之，学生上课起立这一活动，具有多种积极的心理效能和实践意义。有人认为学生起立是课堂教学多此一举的麻烦事，从而简化或省略了这一程序，这做法是不科学的，只能因小失大。

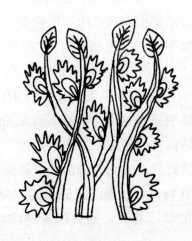

上课走神的原因与克制

传说我国古代有一位名叫弈秋的棋艺大师，同时教两个弟子下棋。其中一个弟子在学棋时表现得专心致志，认真听师傅讲棋。另一个弟子虽也在旁学习和听讲，但经常心不在焉，时时顾盼是否有天鹅飞过，想着如何拉弓搭箭把它射下来。等到学习期满，前一个弟子掌握了各种进攻与防守的棋术，成了著名的棋手，而后一个弟子则一塌糊涂，一事无成。同出于一个名师门下，为何两人棋艺如此大相径庭？原因不是别的，而是两人在学习中注意的专心与分心不同所致。

现实中学生的学习也有这种情况。有的学生在上课和学习的时候，能把自己全部的心理活动都指向和集中于所要学习的课程内容上，而对于学习范围以外的事物则达到"视而不见""听而不闻"的程度。心理学称这种注意现象为"专心"。相反，有的学生在上课和学习时，不能把自己的心理活动完全指向和集中于所要学习的内容上，而是东张西望，左顾右盼，或者是想一些与当前学习活动无关的事。心理学把这种现象称做"分心"，俗称"精神溜号"或"走神"。专心与分心的本质区别主要在于在必要的时候，人的心理活动是否能完全地指向和集中于所应该指向和集中的事物上去。平时我们说的"分心"或"没有注意"并不是说人的注意真的就不存在，而是说人的注意指向了不该指向的事物。

注意的专心与分心对学生的学习效果具有十分重要的影响，因为它关系到学生全部心理活动的方向和效能。专心标志学生注意品质优良，分心则说明注意品质不佳。

有的学生上课时爱分心，自己也知道这个毛病不好，但又难以改正，心里很苦恼。其实要想克服分心的毛病，应该首先弄清分心的原因，然后才能根据具体情况，采取切实可行的预防措施。一般说来，容易引起分心的原因大致有如下几种：

一、由客观刺激物本身特点吸引人的无意注意而产生的分心

心理学把人的注意分成无意注意和有意注意两类。无意注意是没有预定目的，也无需用意志努力来维持的注意。这种注意的发生常由刺激物本身的特点所引起，所以在上课时，如果在教室周围出现一些强度比较大的，富于变化的，比较新异的或有明显反差对比的刺激物，如电闪雷鸣，物体碰撞，人声嘈杂，窗前门外的人影晃动，消防车、警车的嘶鸣等，那么学生就很容易不由自主地把注意转向与教学活动无关的事物上。有些刺激物甚至还有诱发学生某些兴趣的力量，如操场上紧张激烈的球赛，广播喇叭里传出悠扬悦耳的音乐之声，都容易分散学生的注意。

二、个人对干扰性刺激态度不冷静而造成的分心

学校不能与世隔绝，各种与教学无关的刺激常有发生，其中有些刺激对学生的学习本来不至于产生太大干扰，但有些学生由于对刺激物的出现十分反感，从而出现不平衡的心理状态，情绪激动，心烦意乱，暴躁气恼，结果导致学习不安心，注意不稳定，产生更严重更持久的分心。

三、身体健康状况不佳引起的分心

身体局部不适或患有疾病，难受痛苦，这种情况学生很难专心学习。

四、个人学习目的不明确不能自觉维持注意而产生的分心

学生在课堂上学习，特别需要有意注意的参与，因为有意注意是一种自觉的有目的的在必要时需要意志努力来维持的注意。可是由于某些学生学习目的不明确，或对完成学习任务缺乏信心，于是当外界刺激物产生干扰时就抗拒不住诱惑。或者学习上遇到困难，没有克服的勇气，知难而退，这样势必不能把主要心思放到学习上，必然分心。

引起分心的原因还有很多，这里只谈具有普遍性的几种情况。针对这些情况，我们可以采取相应的措施，防止和克服分心。

从客观条件来看，家长和老师应尽力给学生创造安静的学习环境，避免或减轻各种不良刺激分散学生的注意。我们的学校一般都远离闹市区，不在影剧院附近，校园周围还设有围墙栅栏等，其用意就是要保证教学环境的安静。在上课的教室里，不宜装饰太多，诸如条幅标语、锦旗奖状、板报壁画等，这些都可能成为学生分心的诱因。讲课教师的服装发型不宜变换太勤，构成新异刺激分散学生注意。如果教师在这些方面有变化的话，应在课前找机会到学生中去亮相，这样上课时学生就不会对教师本人的变化感兴趣了。家庭环境虽不能保证像学校那样秩序井然，但在学生学习的时候，也要注意安静，尽量控制电视和广播节目对学生的干扰，家人之间谈话声音和内容要有所限制，不要妨碍学生学习。有事要学生做的，最好一次吩咐完成，不要让孩子刚刚坐下又站起来。家长在孩子身边不要指指点点，唠唠叨叨，否则学生注意很难集中，时间久了会形成分心的习惯。

但是，有些外来的刺激是学校和家庭难以或无法控制的，这就需要

学生在干扰的情况下也要坚持学习不分散注意。为了做到这一点，必须加强学生自身方面的训练。内部的原因比外部的原因对学生的影响更大。自身训练应多从下面几个方面做起。

一是加深对学习目的和学习任务的理解。人的有意注意是服从于人的活动目的和活动任务的。学生对当前学习活动的意义认识得越深刻越清楚，完成任务的愿望就越迫切越强烈，就越能对与完成学习任务有关的事物表示关注，越能引起和保持有意注意。

二要合理组织活动。上课时能经常提醒自己不分心，碰到干扰能告诫自己不走神儿，思想要溜号能及时强迫自己必须注意，这些有意识的活动对防止分心很有作用。还可以自己提出问题自己思索，或者把智力活动与实际操作结合起来，这样可以长时间地把注意维持在特定的对象上，不易疲劳。还可以又听又写，又读又看，搞实验、做习题，开展讨论。活动多样一些，有利于维持有意注意。

三要培养间接兴趣。兴趣分为直接兴趣和间接兴趣。被事物或活动本身的趣味性所引发出来的兴趣谓直接兴趣，如听音乐，看打球等。凭直接兴趣容易产生无意注意。被事物或活动的目的与结果所引发出来的兴趣谓间接兴趣，如学外语的行为很少有人出于直接兴趣而是间接兴趣引发的，学好外语的结果对人有吸引力。中学生对各学科的学习，仅凭直接兴趣是不能完成学习任务的。所以培养对各学科的间接兴趣才能保证在课堂上保持稳定的有意注意。

四是锻炼坚强意志排除干扰。生活中难有安静得令人满意的学习环境，所以要学会和善于排除无关刺激的干扰，当然这需要坚强的意志。古代曾有人为此而到车水马龙的城门口和喧嚣吵闹的戏台下看书，锻炼自己闹中求静的本领。

五要保证身体健康和情绪乐观。健康的身体使人精力充沛，多病的身躯使人万念俱灰。所以要想学习好，首先要有好身体。平日里要注意锻炼身体，增强体质，提高对病毒细菌的抵御能力，校内校外要讲究卫

生。同时还要保持乐观的情绪，不为琐碎的小事烦恼焦虑，与同学相处不斤斤计较，遇事沉着镇静，这样才能做到课堂学习不为无端小事而分心。

注意是智慧的门户，只要把握得好，知识会源源不断地涌来，使你更有学问、更聪明。

专心致志与一心二用

学生学习，需要专心致志，不能分心。分心就像弈秋的那位弟子一样，尽管用了同别人一样的学习时间，但却没有取得同别人一样的收获和进步。我国古代教育家荀况对此也曾有过精辟的阐述。他说："心枝则无知，倾则不精，贰则疑惑。"意思即是人不论学做什么事情，都不能心不在焉，精神溜号，片刻的走神儿或思想不集中，就会学不明白，产生疑难困惑，难得真知。就连我国的民间俗语也有"一心不可二用"之说。

可是，在现实生活中我们却能经常看到，有的人一边看书，一边快速地打着毛衣。汽车司机在驾驶汽车的时候，既能掌握好手中的方向盘，控制好脚下的油门，又能眼观公路上来往的行人、车辆以及各种障碍物，准确及时地调节行车速度和方向。法国心理学家帕尔哈姆早在1887年曾经亲自表演过，他在朗读一首诗的时候，同时能写下另一首诗。他还能做到在朗诵诗的同时，笔算比较复杂的乘法。

这些生动的实例，恰与"一心不可二用"的观点相悖，它从相反的方向证实一心可以二用。这样一来，"一心不可二用"与"一心可以二用"这两种极其矛盾的观点，该让人怎样理解呢？我们只好去请教心理学家了。心理学家的回答是，这两种说法都有科学道理，都符合注意心理现象的特征。人在从事某种活动的时候，有时需要专心致志，一心不可二用，有时就可以一心二用，甚至可以多用。

一心二用或多用，是注意分配的表现。注意的分配是指人在同一时间内，把注意分配到两种或两种以上的对象或活动上。学生上课，在同一时间里，既要认真听好老师的讲课，又要做好听课笔记。老师讲课，边说边写，有时还要边做演示实验。这都是注意分配的表现。注意的分配与注意的分散不是一回事。注意的分配是人的注意品质良好特征之一，它能提高人在单位时间里的活动效率。而注意的分散也就是分心，是注意的稳定性品质不好的表现，它是在无意中把注意移向不该注意的对象上，从而减弱和降低心理活动效率。

注意的分配不是在任何情况下都能发生的。不同种类的刺激同时作用于两种感官，通常是先感知到一个刺激，然后再感知到另一个刺激。如果两种或两种以上的活动同时进行时都需要智力参与，那么在这种情况下，人的注意分配就很困难，甚至不可能发生。有人做过实验，让一组学生边听故事边写作业，要求在规定的正常时间里，学生既能正确地完成作业，又能把故事内容复述下来。实验的结果是，作业写得好的学生，故事复述不出来，故事复述比较好的学生，则作业的错误太多，甚至不能完成作业。还有，如果几种活动都是生疏的，要想在同一时间内进行也是不可能的。或者几种活动虽不生疏，但相互排斥，注意的分配也不能实现。人的两只手不能同时一手画方，一手画圆。

实现注意的分配，需要很多条件。其中必要的条件是，在几种活动同时进行时，能引起特别注意的活动只能有一种，而其余的活动则必须是熟练的达到自动化程度的活动。学生同时间边听课边写笔记，就是把听课作为注意的主要对象，而写字则是自动化了的活动方式，不需要更多的注意。要想使几种活动能同时进行，这些活动必须相互关联，而且人在练习中对这些活动已经形成了某种反应系统，这样才能顺利实现注意的分配。

人的注意分配，存在着个别差异和不同的水平，但注意分配的能力不能自动形成，个人必须通过后天的学习实践和训练才能形成和发展这种能力。小学低年级学生的课堂活动，听和写是分开进行的，就是因为这一时期的儿童注意分配能力低的缘故。在文字书写还不熟练的条件下，写字需要注意的集中，如果听课和笔记同时进行，势必影响学生的听课效果。随着学生对文字的掌握和书写的熟练，小学高年级的学生，在老师的提示下，就可以做一些必要的笔记。到了中学以后，由于学生形成了书写技能，明确掌握了学习要求，就能把听和写的活动联系起来，可以边听边记了。如果在小学阶段，没有受到这方面的锻炼和培养，那么即使上了中学，同时进行听和写的活动，注意的分配也会有困难的。

注意的分配对于人的社会实践活动具有重要意义。不善于注意分配的人，会影响学习和工作的效率，很难出色完成任务。特别是对人的注意水平有特殊要求的活动，如航海、航空、乐队指挥以及驾驶等，需要人眼观六路，耳听八方。有关人员的注意分配不好，不仅活动效率低，还会造成恶性事故。因此学生时代就应有意培养和锻炼这方面的能力。

专心致志与一心二用，虽然从现象上看似乎是矛盾的，但就本质而言，二者并不矛盾。在人的心理活动中，二者是对立的统一。说一心二用丝毫没有贬低或削弱专心致志的理论和实践价值。实际上，没有专心致志的过程，就不会有精通和熟练的结果，也就没有一心二用的余地了。

学生课堂插话的心理动因

在课堂教学过程中，很多老师都有这样的经历：当教学内容正讲到节骨眼上的时候，冷不防有个学生从座位上插上一嘴或接过老师的话茬，高声说上几句。于是课堂气氛顿时发生变化，学生一阵骚动。讲课的老师不得不暂停下来，维持秩序，待学生安定后再接着讲课。

一般说来，学生在课堂上任意插话，是违犯课堂纪律的不良行为。它干扰和破坏了老师和其他同学正常的教学思路，分散老师和同学们的注意，涣散了课堂的组织纪律。因此，课堂插话现象应当控制。但是如果采用粗暴和强硬的方法制止，往往很难收到成效，对此，必须首先弄清插话学生的心理动因，然后再对症下药。

据了解，学生课堂插话大体可分两种情况，一种是无意插话，另一种是有意插话。

无意插话是插话学生不受自己的意识支配，在不知不觉中脱口而出的。话说出口之后才发觉此话说得不是时候，不是地方，但已无法挽回，不良后果已经发生。属于这种类型的插话学生，大多都有一些不良的行为习惯，纪律观念比较差，自制能力比较弱，学习成绩可能在中等或中等以下。学习特别好的学生，很少有这种行为发生。

有意插话是插话学生经过思考，有意识有目的而进行的插话。具体的插话原因各不相同，但是最常见的有这么几种情况容易使某些学生发生课堂插话的行为。

一、出于自我表现的需要，以此引起别人对自己的关注

这类学生大多都有这样的经历，自从上学以来，他们就没有因为学习成绩优秀或其他方面的成就而受到老师的表扬或同学们的尊重，相反倒有可能因为学习成绩不好或犯有某种过失而受到否定和批评。随着年龄的增长，自我意识的形成，他们开始关心别人对自己的关注程度。可是由于自己在群体中的地位和作用微不足道，又没有显赫的成绩吸引别人的注意，为了证实自己的存在，为了在别人面前显示一下自己所具有的不同凡响的作用，不得不回避自己不足的方面，有意借课堂插话之机，出出风头。倘若碰巧插话内容对题，从中便可显示自己的聪明。即使说得不对，能博众人一笑，自尊心理也可获得一定的满足。

二、出于不满或报复心理，以此宣泄

插话的学生可能由于某种原因，同任课老师发生了摩擦，也有可能是同班级的主要干部同学产生隔阂，心怀不满。这些矛盾没有通过正常渠道得以解决。于是有的学生就想在课堂上制造一点事端，给老师以难堪，或给班级干部同学的工作添点麻烦，但自己又不想暴露得太充分太明显，所以就有意编导出这种不大不小的闹剧，使别人无法在这上面做太多的文章。

三、出于起哄和逗乐心理，寻求一点精神刺激

有的学生对于文化课的学习不感兴趣，但又迫于各种压力不得不来到学校苦熬岁月。在课堂教学活动中，别的同学都能聚精会神地听老师讲课，可这类学生却闲得无聊待得寂寞，于是他们就采用接老师话茬的方式取笑逗乐。倘使全班同学都能为之一笑，他们就会感到格外开心。

　　了解学生插话的性质以及具体原因，教师就可以分别将情况加以对待。对于无意插话的学生，要尽量保护他们听课的积极性。如果插话内容切题，说明他们能紧随老师的思路，对教学内容有所理解和把握，教师可以当即表示肯定，鼓励学生敢于发言的勇气。但是如果发现有的学生习惯于用有声语言表达自己思维活动的话，或者是插话跑题，那么教师应在课后通过个别谈话的方式，指出学生不良的学习习惯以及课堂插话的不良效果，并要帮助学生逐渐养成善用心智活动的习惯。

　　对于有意插话的学生，则要注意从思想和感情上正确疏导，并要尽力满足青少年学生的合理需要，开展丰富多彩生动活泼的课堂教学活动，比如针对青少年喜欢自我表现的特点，可以适当开设讨论课、辩论课，允许学生质疑、答疑，让更多的学生有在众人面前发言演讲的机会。这样，既可以提高学生的学习兴趣，又可培养学生多方面的能力，还可以增强师生间学生间的友谊与联系。

　　至于个别学生由于个别原因，喜欢在课堂上搞一点恶作剧，老师也应耐心细致地做好他们的思想转化工作。学生的这种做法本身就反映出他们还有天真幼稚的一面。他们需要老师的教育和帮助，需要通过培养和训练形成良好的听课和学习习惯。同时还要教育和帮助学生树立集体主义观念，自觉遵守课堂纪律。该发言的时候要积极热烈，不该发言的时候要保持沉默。否则，一个班级集体，无秩序地你一言他一语，课堂教学将无法进行。这其中还有个文明礼貌问题。随便打断别人的谈话，影响别人的学习，都是不礼貌行为，更何况是在课堂上！所以还要向学生进行文明礼貌教育，学生自己也要注意规范自己的行为，时时处处要以社会主义道德标准要求自己，做一名文明的中学生。

讲课压堂得不偿失

下课铃声响了，教室外面，男女学生笑语喧哗，玩着各种游戏，充分享受这课间休息的轻松与快乐。然而教室内，有的老师似乎对此没有反应，照旧口若悬河，说个不停。眼看着这课间 10 分钟就要过去，这些被限制在教室里的学生会有怎样的感受呢？

有人做过这方面的调查，发现学生对此有这样几种看法：

一、同情

持这一看法的学生认为老师讲课很辛苦。本来每次课的内容讲多讲少全由老师做主，老师可以少讲，下课可以不讲。但老师为了让学生多学一点知识，宁可自己不休息多受累，这样做虽然占用学生的课间休息时间，可学生能说什么呢？

二、无所谓

抱着这种态度的学生，认为压堂不压堂是老师的事，老师要讲我就听，老师不讲我就出去玩。

三、抱怨

这类学生特别反对老师压堂。他们认为老师压堂是教学无能的表现。每节课的授课时间是规定好的，在授课时间内该讲什么不该讲什么，老师在上课前就应该确定好。当堂课不能完成当堂课的任务，是老师的责任，而压堂却损害了学生的利益。

从学生上述三种态度总的倾向来看，对教师讲课压堂的做法，学生普遍表示不欢迎。实际上细心的老师在压堂的时候，是能够观察出学生的情绪反应的。不要说中学生，就是小学生和大学生也有相类似的表现。下课铃声一响，不管老师是否准备下课，学生自己就会合上书，收起笔本纸墨，随时准备站起来走出教室。当发现老师并没有结束教学意图时，便会感到失望和无可奈何，甚至还会出现一些消极行为，如有的学生故意不看老师，不看黑板，东张西望，有的学生噘嘴、瞪眼、皱眉；还有的学生坐在下面小声说气话，嘴里嘟囔着，专顶老师的话茬；有的学生坐不住，身子晃动，思想早溜向教室之外；个别学生还会摔打书本，故意弄出响声……这种种表现都反映出学生对老师讲课压堂是很不高兴的，甚至是不满的。

无论从学生的态度反应，还是从学生的行为表现，都说明老师讲课压堂的实际效果与老师压堂的主观愿望相差甚远，甚至可以说是得不偿失。况且，从心理学的角度来看，讲课压堂也不符合学生心理卫生的要求。本来，中学生每节课时的长短以及课间休息的时间，都是根据学生生理、心理发展水平和特点确定的。如果老师上课任意压堂，那就失去了这种安排的科学价值，而且还会给学生带来一系列的危害和不良影响。

首先，压堂能加重大脑的疲劳程度。学生通过一堂课的紧张学习，大脑已经疲劳。按正常的活动安排，学生应该在课间的十分钟里，去教室外呼吸新鲜空气，改换原来的活动方式，使主管学习的业已疲劳的脑细胞得以恢复，以利于下一堂课的学习。但由于老师压堂，学生的大脑非但没有得到休息，反而还在坚持紧张的学习。如果再同下一节课连接起来，可想而知，学生大脑的工作效率会受到什么样的影响？倘若每个老师都想把自己的课延长十分钟，学生可怎么承受得了？

其次，压堂会降低学生心理活动的效率。由于心理器官的疲劳，必然会影响学生一系列的心理活动的效能。人在大脑疲劳的情况下继续工作学习，就会感知模糊，记忆力减退，思维迟钝等。而这些心理活动能力的降低，又与人的注意功能发生障碍有直接关系。因为从学生注意维持的情况来看，按正常课时计算，下课时学生的注意正是低谷期。但通过课间休息，再上课时学生的注意就可上升为高峰期。这样合理的作息，就可保证学生的心理活动在学习的关键时间里处于最佳工作状态。可是由于压堂，教室外出现各种强烈刺激，教室内的学生必须加大注意的紧张度才能排除干扰维持学习，这样势必造成学生心理方面更严重的疲劳，导致学生学习效果不佳。

再就是经常压堂容易引起学生对老师的反感，从而影响师生之间的感情。作为学生，大多都不喜欢老师压堂，如果一位老师经常压堂，学生就会把讨厌压堂的心理转移到压堂的老师身上，并且学生还会把这种消极情感投射到这位老师所教的学科上，从而讨厌学习这门学科。这种由压堂而引起的连锁反应，对教学活动的开展和提高教学效果是非常不利的因素。

鉴于上述的情况，我们不难看出，想以压堂方式加大教学内容、提高教学效果的做法是徒劳无益的。当然，偶而出现一两次压堂现象倒不至于产生什么严重后果。不过从压堂所产生的心理效应来讲，最好还是不压堂。要想做到不压堂，教师必须从学生的角度来看待压堂的问题。只要老师自己也讨厌压堂，那么就会想办法处理好教材，突出重点、难点，做到教学内容少而精。保证学生既学得明白，又不多耗时间。倘若偶尔教学任务不能在当堂课完成，那么就安排在下一次课上解决，决不占用学生那宝贵的课间十分钟。

有人说压堂是教师教学方法贫困的表现。这话可能有些言之过重。不过实践证明，讲课压堂，实不得法，得不偿失。

考试怯场的心理调控

　　有这样一位中学生，平时学习不错，也很用心，作业本上大都是满分的记录。可是他的考试成绩却从来不高。而且越是重要的考试，他的成绩越糟。同学们很不理解，他自己也很懊恼，然而毫无办法。因为他每临考试，只要走进考场就精神紧张，心跳加速，双手颤抖，脑袋里不是乱糟糟的一团，就是空荡荡的一片。等到把试卷拿到手中，一看上面的试题，既感到熟悉又觉得陌生。熟悉是因为考前都曾复习过，陌生是有关问题的答案现在一点也想不起来了。眼看时间分分秒秒地过去，可怎么也稳不住神，心里急得很。越急脑瓜越发木，脑瓜越木越想不出解题的方法和答案。待考试结束走出考场，一切都恢复自然。考前准备的那些材料，统统从脑海中浮现出来，遗憾的是在关键时刻，他们没有发挥作用。

　　还有不少学生也有类似表现，人们俗称其为"考试怯场"，心理学称之为"考试过度焦虑"。由于怯场，学生在应试答卷过程中，智力不能很好发挥，所以很难考出学生真实的学习水平。有时在特定的考试中，有的学生因怯场的原因而影响了升级、升学以及对理想职业的选择。因此考试怯场的学生特别希望能尽快克服这个毛病。

　　现在，考试怯场现象已引起世界各国心理学家的广泛注意，并正在研究和探索防止与克服怯场的良方，因为怯场现象不单表现在考试这项活动中，体育竞赛、舞台演出等，也都有怯场现象，严重影响活动效率。

目前，根据我国实际情况，已摸索出几种成功的经验，可以预防或缓解考试怯场心理。这些经验是：

一、要保持适度的考试动机

动机是直接推动人进行活动的内部心理动力。它的强弱和有无对人的活动效率有至关重要的影响。一般说来，动机较强的人在活动中表现积极主动，活动效率高。而动机较弱的人则缺乏热情，活动效率低。但是动机的强化也有一个限度，超过限度反会降低效率，欲速则不达。一个学生如果把考试看得过分重要，甚至把个人的命运都同考试联系起来，那么势必把考试当成沉重的精神负担，由此而产生焦虑心理。所以每当走进考场就首先想到这场考试的结果与自己的利害关系，导致大脑皮层区对此形成优势兴奋中心。根据人的神经过程的活动规律，皮层区的兴奋集中会诱导其周围相邻的皮层区抑制的加强。这也就是考生心情紧张想不起解题方案的原因之所在。由此可见，动机的过强和过弱都会影响考试效果。有些学生考试怯场往往就是动机过强所致。所以把握适度的动机，既可驱动积极的行为，又不阻滞智力的正常活动。其实，考生进入考场之后，最好什么都不要想，面对考卷，要集中注意力审题，根据考题的条件和要求，力争把题做好。至于考试结果，只要是考前尽了努力，考试中做了最大发挥，即使成绩不理想也不后悔。就是参加高考，仅凭一次考试成绩定取舍的，因成绩不足未被录取，也没有必要懊丧。此路不通，再寻别的路，世上没有绝人之路。

二、考前做好复习，不打无准备之仗，增强自信

在考试怯场的学生中，有相当一部分是由于考前复习不充分，准备不足，心中无底造成的。平时学习或复习，对知识技能掌握得不全面不

牢固，离开课本没人提示就说不清楚，或者掌握的知识肤浅，只能简单地套用公式。碰到综合题和应用题就手足无措。这样的学习水平必然会在临考的时候，由于心底空虚而发慌，惴惴不安。如果考前做了充分准备，知识技能掌握得全面扎实，那么就会增强自信。信心十足，胸有成竹，紧张心理不驱自散。

三、学会运用正确的应试方法

应付考试，也有方法上的巧拙与正误之说。方法得当，不仅能提高应试效率，也可缓解紧张情绪。有的考生拿到试卷，不分难易，从头往后做起。倘若中间碰到难题，绝不放过。冥思苦想，不觉时间过去很多。到头来，难题没有解开，后面还有不少的题没做。眼看考试结束的时间就要到了，由于心情紧张，本来会做的题也忘了，或者已经来不及作答。这就造成了不应有的损失，令人惋惜。碰到这种情况，最好的办法就是把暂时做不出的题先甩过去，选做容易和会做的题。然后回过头来再去啃硬骨头。啃成则成，啃不成则罢。不要为此焦虑。相信自己不会做的题，别人也可能做不出。有时由于心情开朗乐观，说不定会有奇迹发生，一下子找到了解决问题的关键。相反，情绪紧张焦虑者却不会有此幸运。

四、大考之前要注意合理作息

有的学生做考前准备，就像跑百米决赛一样，越是临近考期，越要搞终点冲刺。连开夜车，集中突击，白天黑夜的不得休息。这种做法很不科学，造成身心两方面的疲劳。虽然从表面上看，似乎在短期内阅览了不少知识，但在参加考试时，大脑会反应迟钝，记忆力减退，思维活动不集中，影响对试题的解答。结果导致心情紧张，加重怯场现象发生。有经验的家长和老师，在临近考试的前一个星期，就有意让学生放松，组织开展一些娱乐性活动，如打球、爬山、游泳等。并要保证学生吃得香睡得沉。这样当学生正式参加考试时，就会头脑清醒，思路畅通，智力潜能得以充分发挥，获得理想考试成绩。

除此，有人试行意念训练法，力图使原来难以由意识控制的心理紧张，逐渐纳入有意控制的轨道。训练的方法是：平时遇到心理紧张时，就有意地把这种紧张同某一随意肌的紧张结合起来，比如握紧右拳，然后随精神紧张的减退，慢慢放松握紧的右拳。经常注意这方面的训练，使二者之间形成协同的紧张和消退的条件反射。以后再有精神紧张，特别是考场上的紧张，就可以利用这种条件反射，只要逐渐放松右拳，精神就会松弛下来。怯场的同学，不妨试试这种办法。

由于每个学生考试怯场的原因不尽相同，所以要根据自己的实际情况，对症下药。只要找准原因，又能采取相应的措施，考试怯场现象是一定能够得以克服的。

课前导语的魅力

　　一位语文老师在正式讲授马克·吐温的《竞选州长》这篇课文之前，先给学生来了这样一段开场白：美国有一位著名作家叫马克·吐温，他写的一部小说《竞选州长》发表后，惹得纽约州州长霍夫曼对他极为憎恨。有一次他俩在街上碰到了一起，霍夫曼为了给马克·吐温一点难堪，借以显示自己的威风，就抢先说道："马克·吐温，你知道世界上什么东西最坚固吗？什么东西最锐利吗？我告诉你，我的防弹轿车上的钢板最坚固，我手枪里的子弹最锐利。"马克·吐温听后微微一笑，慢条斯理地说："州长先生，我了解的情况跟你说的大不一样。我说世界上最坚固最厚实的莫过于你的脸皮，而最锐利的则是你的胡须。你的脸皮那么厚，可你的胡须居然能刺破它而长出来，还不锐利吗？"学生听到这里哄堂大笑，老师接着说："马克·吐温的回答很妙。可是同学们能否说明一下他的回答妙在哪里？"同学们立即回答："他的语言幽默，讽刺辛辣。"老师紧接着引入课题说："今天我们就学习马克·吐温《竞选州长》这篇文章，看看霍夫曼为什么讨厌这篇文章，马克·吐温是怎样利用幽默的语言达到讽刺的效果的。请同学们打开书，让我们先来读一遍全文。"于是全班同学愉快地翻着书，怀着浓厚的兴趣和探奇心理开始了新课的学习。

　　这是一段成功的课前导语。有教学经验的教师大都特别注重课前导语的设计与运用。几句简短生动有趣的话语，达到了画龙点睛引人入胜的效果。好的课前导语，能引起学生一系列的心理效应。

一、能吸引学生注意

好的导语往往取源于一个有趣的故事，一个特殊的现象，一个不曾解开的谜等轶闻趣事，因此它具有一种魅力，对学生有很强的吸引力，并且容易使学生的大脑皮层区形成优势兴奋中心，把全部心理活动都指向和集中于老师所预期指向的教学内容上去。

二、能激发学生的学习兴趣

好的导语能使学生产生悬念，激起探究心理。一位数学老师在讲授"无穷递缩等比数列各项和的公式"之前，他在黑板上画了一条线段。告诉同学：如果我把这线段从中间割断，留下其中的一段。然后我在另一段的中间再割断，再留下其中一段。假如按此办法能永远地割断中间留下一段的话，那么到最后被我留下来的线段到底能有多长？学生思索良久，不知如何作答，只觉得这个问题很怪，似乎应该明白，可又说不准答案，很想有人能帮助指点一下。于是老师把计算公式教给学生。学生很高兴，不仅解开了刚才那个难题，而且与此相类似的问题都可以迎刃而解了。

三、有承上启下，温故而知新的作用

好的导语不是为猎奇而哗众取宠。它必须依据学生的已有知识经验，把新旧知识衔接起来。在学习新知识的时候，其中就包含着对原已学过的知识的巩固和运用，而对原有知识的巩固与运用，也正是理解和掌握新知识的基础和前提。所以很多老师喜欢把原来学过的旧知识与将要学习的新知识之间的关系，作为导语的内容。从而加强学生对新旧知识的联系，便于形成完整的知识体系。

四、能提高教学效果

成功的导语，能充分利用学生的无意注意与有意注意相互转化的规律，使学生在轻松、愉快、不知疲倦的心理状态下从事学习活动。这样必然会感知清晰、理解透彻、记忆牢固、学习效果好。

良好的开端是成功的一半。精心设计和巧妙运用课前导语，不仅为学生所欢迎，而且也为课堂教学增添光彩。

班级座次上的人才排列

记得以前读中学的时候，开学的第一天，老师总要给学生排座位。座位的排列是根据学生个子高矮安排的。个子最矮的学生被排在最前的座位上，然后依次往后排，个子最高的学生当然要排列到教室最后面的位置上了。这样的排座，前后排的学生都能看清黑板，因为前排的学生个子矮于后排的学生，所以不会挡住后排学生的视线。为了防止左右横排两端的学生斜视，老师还规定横排座次的学生，每周由左向右自行串座一次。

可是不知从什么时候开始，这教室里的座次居然演变成某种意义的象征。据说现在有不少中学，尤以高中为多，教室内的学生座位因桌椅摆放位置的不同而有高低贵贱的身价之分。过去多少年一向为矮个子学生坐享的前排桌椅，现在则由班级里学习较好的学生占领了。不管这些学生的个子是高是矮，只要学习好的就可到前排来。凡是有资格坐在前面座位上的学生，在老师看来，就是有升学希望的大学苗子，有培养前途的人才。于是乎，学生家长只要走进教室看看自己的孩子坐在教室里的哪块地方，便可知晓孩子的学习情况，毕业后的前途，上大学的把握程度。

这种教学班学生座次的"变革"，无疑是片面追求升学率的产物。如果说这种做法有可取之处的话，那就是它能使不了解学生学习情况的

人，对班级里每个学生的学习状况顿时一目了然。新来上课的老师，可以通过学生座位的层次排列，知道哪个学生学习基础好，哪个学生学习比较吃力。然而，这种座次安排，从学校的主观意图来讲，并不是为照顾学习后进的学生，给老师提供方便的辅导条件。实则恰恰相反，它正是把后进的学生分离出去，而给少数学习好的学生以优惠待遇的一种方式。把学习好即有升学希望的学生，放在老师的眼皮底下，看得见，听得清，不受干扰，专心学习，加大升学把握。只要一个班级里有那么几个能考上大学的，老师的辛苦就没白费，脸上就有光彩。至于其他学生，反正不能上大学，前后高低都一样。

　　这种做法，对于享受到前排座位学习好的学生来说，可能没有什么损失。也许由于老师对他们的格外关心和期待，能产生皮革马利翁式的效应。不过严格说来，这种不公平的等级待遇，会在学生的潜意识中留下痕迹，也许在学生未来的生活中发生影响。这是以后的事，姑且不谈。现在要说的是，这种座次排列给后进学生所带来的消极作用。

一、使注意力分散

以学生学习成绩好坏排座次，必然会导致课堂上前后左右座次学生身高的参差不齐。若高个子的学生坐在前头，后面矮个子学生看黑板就有困难。本来后面的学生学习基础就差，再看不清黑板，这不仅影响学生对当前课程内容的理解和掌握，而且又容易使学生的注意力分散。在高个子学生背影的掩护下，搞一些与教学活动无关的事。这样一来，学习效果就会越来越差，形成恶性循环。

二、按学习成绩排座次，会严重伤害后进学生的自尊

进入中学阶段的学生，尤其是高中学生，自我意识已经形成。他们在群体中生活，有要求别人尊重自己的需要，有很强的自尊心。但由于学习成绩不佳，在一个以学习成绩排座次的群体中，他们没有机会表现自我存在的价值。学习的劣势使他们无可奈何地坐到在别人看来是学习无能者的座位上。他们的自尊心受到了伤害。尽管他们可能什么也没有说，但可以肯定，其内心的体验会很不是滋味的。坐在后面总像比前面的同学矮一截似的。

三、以成绩排座次，学习后进的学生难以互相帮助，互相促进

在一个班级里，学习好的学生坐在前头，而学习不好的学生都集中在后面。这样在听课、看书、写作业等活动中，碰到疑难问题，后面的学生一人不会，其余的人也可能不会，彼此之间很难相互帮助共同提高。况且，这种排座本身就意味着老师把教学对象重点放到了学习好的学生身上，为他们着想，替他们拔高，哪里还顾得上后面这些学习不好的学生呢？

四、按学习成绩排座，很难维持正常的教学秩序

在一个只认学习成绩，以升学与否论成败的环境里，学习不好的学生是不会受到老师的宠爱的，他们在班级里可以说是可有可无的人物，或者已经成了多余的人。面对这种境况，学习不好的学生还有什么希望可言呢？他们只好咬着牙熬到毕业拿张文凭了事。于是他们放松对自己的要求，任意迟到、早退，到校上学是三天打鱼两天晒网。有的老师也很宽容，只要学生不在课堂上捣乱，来去自由。所以我们有时看到，教室后面的座位上常常没有学生。有时还能看到，在同一个教室里，前几排座位的学生正在用心学习，而后几排座位的学生则悄声地甩着扑克，说着闲话。真是各展其才，各得其乐。

鉴于上述种种现象，我们不难看出，在普通中学里，按学习成绩排座次，会伤害大多数中学生的感情，无益于学生的身心健康。同时也不利于中学基础教育任务的完成。中学毕业后能上大学的学生毕竟是少数，多数学生要走向社会各种工作岗位。由于中学基础教育的薄弱，直接影响了这些学生后来的职业教育和职业劳动的效果，从而也会影响到社会生产和社会服务的质量。仔细想一下，这不是一个简单的排座问题，而是关系到怎样育人的大问题，它将给个人、给社会带来非常深远的影响。

学生何以会厌学

　　学生的天职就是学习。可是当前在一些校园里，却有一种奇怪的现象在发生，在蔓延。这就是以学习为天职的学生，居然不愿意学习，讨厌学习。很多学校逃学、辍学、弃学的学生大有人在。这到底是一种什么现象呢？学龄期的青少年为什么会厌恶学习呢？

　　仔细研究起来，这现象反映出很复杂的社会学和心理学方面的问题。其中，既有学生方面的主观因素，也有环境方面的客观因素。

　　从客观环境方面的因素来看，大体包括三方面内容。

一、社会大环境

　　社会存在决定人的社会意识。学生的好学和厌学心理，都不是生来就有的，它是后天在一定的生活环境中受各种因素的影响逐渐形成的。当前我国社会生活的各个方面，确实存在一些消极因素，对学生的学习产生不良影响。首先是社会不正之风。少数党政领导干部利用手中职权，营私谋利，在群众中造成恶劣影响，致使一些学生由此产生错误的认识，以为有权就有一切，有门路比有学问更重要。在学生中流行的"学好数理化，不如有个好爸爸"的顺口溜不能不说是这种思想的反映。其次是社会分配不公。全国范围的从商热潮，扭曲了某些学生的心理，商品经济中出现的现象，使学生感到困惑。知识分子的固定工资与个体经商者的突然暴富，相形见绌。做脑手术的不如剃头的，搞导弹的不如卖茶蛋的现象，已不是夸张和虚构。再看消费场所，知识分子显得寒酸抠门，而一些不识几个大字的人却腰缠万贯，大把大把的钞票随意挥霍，快活又洒脱。相比之下，有些学生迷惘了，觉得没有权没钱也不错，赚钱无需念大书，念书太吃苦。再次就是社会劳动手段的落后。现在很多行业部门对劳动者的要求是强壮和力气，而文化和技术倒无用武之地。因此没有文化和文化水平不高的人同样可以解决就业问题，并且就这种水平也不影响劳动效率，劳动报酬也不少。还有就是趣味低级的影视音像及黄色书刊的泛滥。青少年学生本来就求新好奇，一些有关色情、凶杀、武侠、侦探、反间谍以及离奇怪诞的传奇故事常使学生神魂颠倒，无心学习，甚至还会盲目模仿。

二、家庭环境

社会的问题必然会在家庭中有所反映。有的家长目光短浅，见钱眼开，不仅自己想着法子捞钱，还把孩子从学校里拉回来，充当劳动力或去街头叫卖。有的家长虽然没把孩子拉回来，但这种思想和言行对孩子已经产生了潜移默化的影响，孩子当然不会用心思学习。不过像这样的家长还是少数，多数家长还是支持孩子念书学习的。但往往对子女期望过高，要求过严。有的家长对孩子的学习成绩做了限定，多少分得奖多少分受罚。有的规定初中毕业必须考上重点高中，高中毕业必须考上大学。这些都给孩子造成沉重的精神负担，把学习看成是给父母服劳役的苦差事，从而导致对学习的反感。有的家长当发现孩子学习成绩不好考大学没有希望时，就干脆放松不管。有的甚至还没等学生毕业，就已经找好门路等着孩子就业去了。当然也有的家庭因为对子女娇生惯养，给孩子形成了怕苦怕累怕难的毛病，这样的学生大多不愿意学习。还有这样的家长，对孩子的学习很关心很支持，可就是自己不学习。工余时间不是打扑克就是东拉西扯闲聊，结果他的孩子也不爱学习，这就是家长身教与言教不统一的原因。还有的家长在孩子面前接受别人的贿赂，或者是自己打点礼品送给上司领导和有求于办事的人，这都有淡化学生学习意识的作用。也有的家长经常在孩子面前说孩子脑袋笨，不是学习的"料儿"，这很容易使孩子丧失对学习的信心。

三、学校环境

学校本来是学生学习的场所，是按社会要求培养人才的地方。但在片面追求升学率思想影响下，很多普通中学实际把基础教育变成了升学教育，一切为升学着想，一切为升学服务。教学班按学生学习成绩分为快班慢班，班级座次按成绩分为优座劣座，老师讲课辅导面向尖子学生，教学手段单调，方法死板，施行题海战术，等等。这一系列的做法只能使学习基础比较差的学生更加懵懂，形成恶性循环，哪里还有学习的兴致。

这些来自社会、家庭、学校等环境方面的影响，对于未成年学生思想观念的形成和行为态度的表现，具有相当重要的作用，甚或具有决定性作用。当然学生自身方面的因素也不可忽视。

从学生主观方面的因素来看，厌学的学生往往具有这样的特点：

一是缺乏学习动机。学习动机来源于学习需要，学习需要必须由学生对社会和教育所提出的要求通过内部转化过程才能产生。由于上述的客观环境以及学生自身的原因，学生没有产生学习需要，于是没有强烈要求学习的愿望，内驱力不足，当然外部行为不会主动积极。

二是学习兴趣狭窄。有些学生比较喜欢能引起直接兴趣的活动，如体育课、音乐课、美术课等，而对基础知识和基本技能的训练，特别是对一些抽象的很少能引起直接兴趣的理论课的学习，因毫无间接兴趣而表示反感，或逃离课堂。正因为这些学生的行为多受直接兴趣制约，所以他们很容易在学习活动中受无关刺激物的干扰而分心，兴趣也不稳定。

三是缺乏远大理想。有些学生对学习的社会意义理解肤浅或根本没有认识，对自己未来要干什么和怎样生活，没有设想，胸无大志，没有奋斗目标。因而贪于眼前的吃喝玩乐，逍遥自在，不肯在学习上下工夫。

四是性格特征不良。个人性格特征不良也能产生厌学现象。如有的学生害怕艰苦，喜欢安逸，因而在学习中不愿动脑，碰到困难就退缩。有的学生做事有始无终，新学期开始认真刻苦学习一阵子，而后则逐渐松弛下来。有的学生自卑心理严重，总觉得自己不如别人，甘于落后，不敢进取。总之，意志薄弱是大多数厌学学生性格上的严重缺陷，对于学习活动缺乏自觉性，自制能力低，缺乏坚持学习的毅力，对影响学习的不良因素不能加以抵御和克制。

这些内在和外在的因素，相互联系，相互制约。因此要扭转和克服学生的厌学心理与行为，必须从这两个方面入手做好工作。当前社会环境正在治理之中，学生的厌学现象也引起了全社会的关注。但净化社会环境和转变思想观念都需要有个过程，行动迟缓就会使一大批青少年学生失去求学机会，乃至贻误终生。

留心天下皆学问

狗见到食物就会分泌唾液，这是多么平常的现象。有谁会动脑筋去想这是为什么？然而俄国的生理学家巴甫洛夫却对此产生了浓厚的兴趣，并把它当成一门学问去探讨。结果他由此创立了"条件反射学说"，为科学地解释心理现象以及研究心理活动的生理机制做出巨大贡献。

苹果熟了，从树上落下来掉到地上，这是正常现象，没有人对此表示诧异。可是牛顿却觉得奇怪，苹果为什么偏偏往下落而不往上飞去？在他潜心研究下，发现了万有引力定律。

水壶烧水水沸了，壶盖被顶起来叮当作响，这是司空见惯的事，要不怎么知道壶里的水开了没有。可瓦特却觉得这其中必有奥妙，非弄明白不可。于是他发现了蒸汽的原理并把它应用于生产实践。

弗莱明有一次在用泥土封闭培养细菌的实验中，看到离泥土远的地方细菌繁殖得多，而靠近泥土的地方，细菌则变成了露珠似的东西，似乎被溶解了。他觉得这泥土中一定有什么不可知的成分，好奇心驱使他对这些泥土进行了分析和化验，结果发现这些泥土里果然有一种化合物能被分离出抑制细菌生长的物质。于是他发明了青霉素，为医药卫生事业和人类健康立下不朽功勋。

是什么原因使这些人对习以为常或偶然发生的现象具有了科学的价值？是留心，是观察。在科学领域里，往往就是这留心与观察的不同，造成了人与人之间伟大与平庸的差异。据说在弗莱明发现青霉素之前，已有好几个人见过细菌繁殖被抑制的现象，但谁也没有留心往心里去，其中有一位叫斯科特的人说见到这种现象时，只觉得很讨厌。还有伦琴发现 X 射线以前，也有一位物理学家早就见过荧光现象，但他只是感到气恼，仅此而已。

留心的观察，从心理学的角度来讲，就是一种有目的、有计划、有步骤的感知活动。它是通过眼睛看、耳朵听、鼻子嗅、嘴巴尝、手指摸等各器官活动认识客观事物的心理过程。因为在这当中，视觉起着重要作用，所以人们习惯于把这一系列的认识活动统称为观察。实际上真正的观察还要有恰当的语言和灵活的思维参与其中。

观察是人认识客观世界的基础，也是智力活动的开端，同时它也是智力活动的源泉。古今中外，凡有作为者，都与他们本人有着良好的观察习惯和观察能力分不开。郑板桥画竹挥笔如神，令人叫绝。他的成功也是从观察入手。他为了把竹画得形象逼真，一年四季，春夏秋冬，日光月影，他都坚持看竹。对竹的千姿百态，看得细致入微，最后达到眼中、胸中、手中对竹的感受浑然一体。从而创作出珍贵的艺术佳品。达尔文的儿子在谈到他父亲的时候说："很多人在遇到表面上微不足道又与当前的研究没有关系的事情时，几乎不自觉地，以一种未经认真考虑的解释将它忽略过去，这种解释其实算不上什么解释。正是这些事情，他抓住了，并以此作为起点。"

巴甫洛夫在自己实验室的建筑物上，向世人昭示的警句就是"观察、观察、再观察"，这是他多年从事科学研究以及获得成功的宝贵经验。只要留心观察，天下到处都有学问。

良好的观察能力不是天生就有的，它是个人后天在长期的勤奋的细致的观察训练中培养和发展起来的。学生时代正是培养和提高观察能力的好时机，况且各学科的学习也要求学生必须具有一定的观察能力。写一篇作文，没有对生活的认真观察是写不出好文章的。如有的学生作文在描写夜景时写道"圆圆的月亮向我张着笑脸，点点群星向我眨着眼睛"，这句子乍听似乎很美，但推敲起来却有违事实。真实的情景该是月明星稀。造成这种错误就是缺乏观察的结果。

那么作为中学生应怎样培养和发展自己的观察能力呢？

一、要有强烈的求知欲望和认知兴趣

一个人敏锐的观察能力，不只是来自于人的感官的功能，更重要的是来自人的求知欲望和认知兴趣。好奇心往往能把人引向科学的殿堂。一些昆虫落到某种植物的叶子里再没有飞起来，这种现象被达尔文发现了，激起他强烈的好奇心和求知欲，非要搞个水落石出不可。经他16年的观察研究，最后确认这种植物的叶子分泌出的黏液能把昆虫分解和消化掉。他写出的《论食虫植物》一书，为生物学研究提供了宝贵的资料。

二、要以一定的知识和经验为基础

人通过观察认识客观世界获得知识和经验，而一定的知识和经验又有助于发展和提高观察能力。一位学识渊博的考古学家，能从出土的残缺不全的乌龟壳的甲骨文上发现很多有价值的资料，而一位无知者只能把它看做是一堆垃圾。孤陋寡闻的人不可能有良好的观察能力，而没有良好观察能力的人也不可能有丰富的知识。

三、要有目的、有顺序地进行观察

真正的观察不是一般的浏览，走马观花式的东张西望，而是按照一定的目的要求，遵循一定的程序有步骤有系统地进行。有目的和无目的的观察，效果是大不一样的。达·芬奇初学画蛋，由于不明老师意图，觉得这活动过于简单。当他明晓画蛋的意义时，他再去看蛋，竟发现即使是同一个蛋，从不同的角度观察，其形态也是变化多端的。亚里士多德让他的一名学生观察鱼的特征，由于这个学生胡乱地看了一阵，什么特征也没有发现。后来亚里士多德让他按顺序仔细观察，于是他才发现鱼没有眼皮。为了提高观察效果，应在观察前做好周密计划。

四、观察时要做好记录

及时做好观察记录，可以确保观察材料的准确性，便于以后收集整理。同时，做记录也有利于提高自己分析综合和运用语言文字的能力。

作为中学生，有些观察活动是在老师的指导下进行的，有些则是自己独立进行的。不论属于什么样的观察，都要求观察细致。特别是对于事物的某些隐蔽性特征，不能疏漏，并要积极开动脑筋，多加比较，摸索带有规律性的东西。相信只要坚持认真地观察，就一定会比别人多有发现，多有收获，观察能力一定会逐渐提高。科学就在我们身边，只要我们留心！

怎样张开想象的翅膀

大科学家爱因斯坦曾经说过："想象力比知识更重要，因为知识是有限的，而想象力概括着世界上的一切，推动着进步，并且是知识进化的源泉。"这是爱因斯坦的经验之谈，他就是凭着丰富的想象力而创立了相对论。

人不能没有想象，想象也是人比动物更高一级的标志之一。没有想象，人类生活将不知会怎样的枯燥乏味。因为离开想象，音乐不会令人陶醉，共产主义不会吸引人们为之奋斗，世界上不会有文学艺术，人们也不会搞什么发明创造，学生也将无法理解和掌握那些看不见摸不着的各种事物的属性和发展规律。正因为人有想象，所以才能使人的心理张开翅膀，摆脱人生时空的局限，"思接千载""视通万里"。由此，人的智力才可以奔放飞腾起来。

想象是人脑对有关事物形象的反映。这种形象的反映心理学把它称为想象表象。想象表象不同于记忆表象。记忆表象是过去直接感知过经历过的事物的形象，印刻在人的头脑中，以后在一定的条件下通过再认和回忆把它从脑中重现出来。而想象表象则是人没有或根本不能亲身经历的事物，甚至是世界上本来就不存在的事物，人脑通过想象却能够把它们的形象反映出来。这就是想象的神奇之所在。

当然人的想象表象也并非是凭空而来，它源于客观现实，记忆表象就是它的基础。实际上想象表象就是人脑对已有表象进行加工改造重新组织而编制出来的新形象。所以一个人要想有丰富的想象力，必须具有丰富的感性材料和大量的表象储存才行。而且实践活动是推动想象的原因和动力，脱离客观现实，脱离社会实践，想象将是一片空白。

想象表象的形成，通常采用这样几种方式：一种是黏合式，即把两种或几种事物的属性、特征或部分截选下来黏合在一起，构成一个新形象。如埃及的"狮身人面"塑像，我国神话故事中孙悟空、猪八戒等形象，就是把人的头部与动物的躯体黏合到一起而创建出的新形象。另一种是采用强调或夸张的方式，即把原事物的一部分或一种特点以扩大、缩小、增加数量、加浓色彩的手法，创造出新的形象，如千手观音、九首龙、三头六臂、巨人国、小人国等各类形象。第三种是采用典型化的手法，即把某一类事物最有代表性的特点集中于某一事物的形象上，如《祝福》中的祥林嫂，《阿Q正传》中的阿Q，《四世同堂》中的大赤包等，都是某一类人物的典型形象。

人的想象活动按其是否带有目的性和自觉性，可以分为无意想象和有意想象。

无意想象是没有预定的目的，不由自主地产生的想象。如看到某处山峰，不由自主地想到它像骆驼；看到某块礁石，不由自主地想到它像一个人头；看到晚霞红云，不由得想象那是万马奔腾。这些都属于无意想象。人在意识减弱、昏昏欲睡、激情和睡眠状态时，头脑中往往会无意中出现许多形象，这些形象奇怪地变化着，彼此偶然地结合着。类似这种没有预定目的，在一定刺激影响下，不由自主产生的想象，都是无意想象。梦就是一种无意想象。

有意想象是依据一定的目的，自觉地进行的想象。有意想象按其独立性、新颖性和创造性的不同，又可分为再造想象和创造想象。

再造想象是根据语言文字的描述或图样模型的示意，在头脑中形成相应的新形象的过程。如建筑工人根据设计图纸，可以想象出大楼的轮廓和形象；我们在阅读文学作品时，依据作者的文学描述，头脑中可以显现出作品中有关人和事的形象。这就是说，再造想象是对别人感知过或想象过的事物，经过"再造"过程，在头脑中形成的新形象。

再造想象在学生的学习中具有重要作用。学生学习的各学科知识，大部分内容不能亲自考察和亲身经历，这就需要凭借老师的讲授和教科书上的说明，通过学生的再造想象加以理解和掌握。有了再造想象，没有到过月球的人，可以"再造"月球上的景象；没有去过南极的人，可以"再造"出南极的风光。

创造想象是不依据现成的描述和说明而独立地创造出新形象的过程。文学作家创造的典型人物，美术、雕塑大师塑造的艺术形象，工程技术人员设计新的机器蓝图，都是创造想象的表现。创造想象所创造出的形象，具有独创性、新颖性、奇特性的特点。

创造想象与再造想象是有差别的。鲁迅在自己的作品中塑造了祥林嫂、孔乙己的人物形象，这是通过他的创造想象完成的。而人们依据鲁迅的描述，在头脑中也形成了祥林嫂和孔乙己的形象，但这却属于再造想象。

创造想象在人类生活中具有重要意义，它是一切创造活动的必要条件。没有创造想象，生产劳动、技术发明、艺术创作中的一切创造活动都无法顺利进行。

学生想象力的发展是其智力发展的极为重要的方面。那么怎样培养和丰富学生的想象力呢？

首先要扩大知识范围，增加表象的储备。一个人的知识越多，已有的表象储备越丰富，其想象能力也就越强，想象的内容也就越正确。因此，要积极引导学生学会观察，在教学过程中正确使用直观教学手段，广泛开展科技、文艺、体育等各项有益的活动，以丰富学生的生活经验和感性知识。还要帮助学生正确理解和掌握词与实物标志的意义。

其次要鼓励学生进行积极的思维活动。想象与思维的关系密切。在想象过程中，想象是受思维调节的。想象只有借助于思维，对已有的知识经验进行分析综合，加工改造，才能创造出新的形象。

再者就是要激发学生产生强烈的创造新形象的动机和愿望。思想上的懒汉是不会有丰富的想象力的。无数事实证明，人的发明创造活动总是同人的发明创造新事物的强烈动机联结在一起。来自心灵深处的内驱力会唤起人的巨大的想象力。

这里需要提出注意的是，对于学生的一些在家长和老师看来可能是荒唐离奇的想象，千万不要轻率地加以否定，更不要随意加以指责或讥讽。说不定在不拘一格的青少年学生的头脑中，真会构想出一种新生事物来，即使学生的构想真的荒唐不堪，也要出于保护学生大胆想象的愿望，加以正确引导。切忌扼杀学生稚嫩的、羽毛未丰的想象的翅膀。

技能练习的"高原现象"

写一手好字，能被人称道。驾车高手，可在世界夺标。游泳打球，不仅强身健体，而且出色的表演常使天下人为之倾倒。这是高超的技能给人带来的不寻常的风采。然而人的任何技能都不是天生就会的。只有坚持不懈地勤学苦练，才能形成某种技能并达到出神入化的程度。

技能分为动作技能（也叫操作技能）和智力技能（也叫心智技能）两种。写字、弹琴、游泳、骑车以及使用生产工具等，这些主要借助于骨骼肌肉运动来实现的一系列外部动作，当以完善合理的方式组织起来并接近自动化时，就成为动作技能。在技能达到高度的自动化和准确程度时，就是技巧。智力技能主要是借助于言语在头脑中进行的智力活动方式，如阅读、心算、作文、解题等各种心智活动方式。

技能的形成是学生领会、巩固和运用知识的重要条件。培养学生各种技能，对于学生智力的开发，特别是独立的工作能力和创造力的发展具有极其重要的作用。因此学生不仅要学习掌握各门学科知识，而且要学会一些必要的技能。

技能的形成不是一蹴而就的事，它具有一定的阶段性，不同的阶段表现出不同的特征。一般说来，动作技能的形成可分为三个既有区别又有联系的阶段。一是掌握局部动作阶段。如学骑自行车，开始总要从握把、踏蹬等局部动作练起，把一系列完整的骑车活动方式分解成若干个单项动作。二是初步掌握完整动作阶段。在第一阶段基础上，能够把诸多的局部动作连贯起来。学骑车的人，这时就能自行上车和下车了，但动作很生硬，心里很紧张。三是动作的协调和完善阶段。此时的活动方式已接近自动化程度，即技能形成。如学骑车的人，此时可以轻松自如地骑着车子东张西望了，手里提着东西，边骑车边同别人讲着话，走大街穿小巷都不成问题了。

智力技能的形成是一个从外部的物质活动向内部的智力活动转化的过程。它的形成一般要经历五个阶段。一是活动的定向阶段。了解和熟悉智力活动的任务，对活动本身和活动结果定向。二是物质活动和物质化活动阶段。借助于实物、模型或图表来进行心智活动。三是出声的外部言语阶段。此时不直接依赖于实物而借助于出声的言语进行智力活动。四是无声的外部言语阶段。即借助于词的声音表象和动觉表象以进行智力活动。五是内部的言语阶段。这时智力活动过程简化，似乎不需要意识的参与以自动化的方式进行智力活动。

从技能形成的阶段性看出，练习是技能形成和熟练的关键因素。随着练习次数的增加，人的操作或心智活动的速度加快，准确性提高，这是技能形成的一般趋势。但是在练习的过程中各种技能的练习成绩并不都是均匀地上升，在大多数情况下，技能在练习的初期进步较快，以后逐渐缓慢。但也有少数技能在练习的初期进步比较缓慢，以后逐渐加快。如学外语或学游泳，开始进步慢，需下一番功夫后成绩才有明显提高。个别技能，练习的进步不分先后快慢，技能发展比较均衡。还有的技能表现出起伏的现象，练习成绩时而上升，时而下降，不过总的趋势还是向上提高。

在技能形成的过程中，有的技能练习到一定时期，常常是在练习的中期，练习成绩会出现停顿现象。如果用练习曲线（即表示一种技能在形成过程中练习次数与练习成绩之间关系的图线）表示的话，当练习的成绩在曲线上达到一定高度时，练习成绩不再随练习次数的增加而上升，只保持在原有的水平或者还会略有下降，心理学把这种在练习曲线上出现的近于平缓的线段叫做练习曲线上的"高原现象"，也叫高原期。如图表示打字的进步曲线，在 25 小时至 45 小时之间，打字练习成绩没

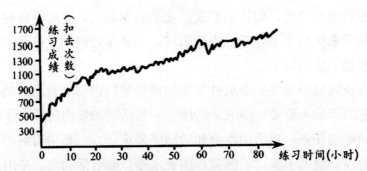

有什么进步。这个时期就被称作"高原期"。遇到这种情况，有的人认为这是受人体生理素质和机能的限制，学生的技能发展已达到了极限，再坚持练习也不会提高练习成绩。但是很多人不赞成这一看法，认为仅凭这一时的现象就轻率地做出论断未免有些不妥，应该认真查明各方面的原因。现在无论从理论研究还是从实践经验，都认为技能练习的高原现象可能由几个方面的原因造成。一是原有技能的活动结构和活动方式已经陈旧，它最大的练习效能已发挥完毕。属于这种情况的，就应该改用新的练习方法，否则必将阻碍技能水平的提高。二是业已改进的活动方式还没有被练习者所完全掌握，原有的旧活动方式仍发生干扰，这新与旧的活动方式相互作用，必然会影响练习成绩的提高。三是练习者练习兴趣的减弱。长时间的练习，致使练习者产生疲劳厌练的消极情绪。由于主观上练习积极性的降低，再好的练习方法也无济于事。还有的学生经过一段练习之后，觉得自己没有什么大的发展前途，淡漠了竞争意识，或者是灰心丧气，这自然不会提高练习成绩。还有可能是学生的身体方面真的出了什么毛病，不能再做高难度的技能练习。这些生理或心

理上的因素，以及方法和技术上的问题，都能导致练习成绩的停滞或下降。

　　总之，对于技能形成中的高原现象，要弄清原因。在不伤害学生身体健康的前提下，要尽量发挥学生的潜能，争创好成绩。凡属方法和兴趣方面的问题，一旦解决，练习成绩就会提高，练习曲线继续上升。

"重复是学习之母"吗

　　很多家长和学生以及一些老师，都认为重复练习是提高学生学习成绩最有实效的方法。确信，无论学习什么课程，只要做到不厌其烦地一遍一遍地读，一遍一遍地写，自会由生变熟，熟能生巧。就连美国著名的教育心理学家桑代克也曾特别强调重复练习对于学习的重要作用。把重复的频率看成是与学习成绩密切相关的因素。在他提出的三条学习规律中，就有一条是练习律。后来通过很多心理学家的实践检验，发现单一的重复练习并不一定能提高学习成绩，把它作为学习规律之一未免有些片面。19 世纪 30 年代，桑代克在进一步研究人的学习过程的基础上，放弃了练习律这一理论。

　　有人做过这样的实验：把年龄和智力水平基本相等的学生分成 A、B 两组，要求他们以最快的速度和最大的准确率来做同样的练习，一共做 75 次。在前 50 次的练习中，实验者让 A 组学生知道每次练习的结果，肯定正确的，指出错误之处并分析错误的原因，给学生以鼓励。而对 B 组的学生练习则不加任何指导。从第 51 次练习开始，实验者改为对 B 组的指导，方法同前 50 次对 A 组的指导一样，而对 A 组的练习则不予理睬。实验的结果是：在前 50 次的练习中，A 组学生的练习成绩不断上升，B 组学生练习成绩进步幅度很小，在后 25 次的练习中，B 组学生的练习成绩明显提高，而 A 组学生的练习成绩则显著下降。

桑代克在提出学习规律以后，也做了重复练习的实验，他要求被试者在没有任何指导的情况下，画一条长4厘米的线段，结果被试者尽管重复画了3000次，可所画的线段却始终不能接近4厘米。这使他后来不得不放弃了练习律。

同样次数的练习，为什么会有不同样的学习效果？这说明学习成绩的提高，并不完全取决于复习次数的多少，关键在于有无学习反馈。

所谓学习反馈，就是把学习结果及时提供给学习者，使学生在每次学习活动之后，知道自己学习的结果正确与否。这种有关学习信息的返回传入，在心理学上就叫学习反馈。

让学生及时了解学习活动的结果，有助于学生及时纠正学习中的错误，提高学习和练习效果。学习成绩的提高，还有助于培养和激发学生的学习动机。因为成功的满足会使学生产生更强烈的学习兴趣和求知欲望，焕发更高的学习热情。然而，对于自己的学习结果不能及时得到反馈的学生，由于盲目地学习，不知错误之所在，所以无法及时纠正错误。没有反馈的学习，有时还会出现这种情况，由于最初的错误没能及时发现、纠正，经过多次重复，其结果导致原有的错误更加巩固，以至后来难以克服。俗话有"谬论重复一千遍也会变成真理"的说法，这就是单一重复的弊端，使人正误混淆。没有反馈的学习，还会使学生对于当前的学习漠不关心，这就削弱了学生学习的积极性。因此，在教学过程中，老师应该对学生的各项学习活动，如提问、作业、考试、实验等，及时做出评定，反馈给学生，对于错误之处，要求学生立即改正过来，不给重复的机会。

反馈还有正反馈与负反馈之分。正反馈是用鼓励、表扬和肯定的方式，对学生的学习结果做出评价。负反馈是用批评、惩罚和否定的方式，对学生的学习结果做出评价。这两种性质的反馈运用得当都可以起到强化学生学习动机的效果。有人曾对此做过实验，专门研究两种性质不同的反馈对学生学习的影响。实验者把具有相同条件的学生分成四个小组。第一组是控制组，单独被安排在一个地方进行练习。练习中，实验者对他们的学习结果不闻不问，既不指出正确与错误，也不给以批评和表扬。其余三组被安排在同一个大教室里进行练习。但第二组作为受表扬组，每次练习之后，实验者就特意对他们的成绩给予肯定和鼓励，逐一点名表扬这个组的成员。第三组作为受批评组，每次练习之后，实验者尽挑他们在练习中的错误，横加指责。第四组作为受忽视组，实验者对这组学生的练习不加过问，但他们有条件旁观实验者对另外两组学生练习的批评和表扬。实验结果表明，受表扬的那组学生每次练习都有进步，受批评的那组学生练习成绩也有进步，但没有受表扬组的成绩进步大。成绩最不好的是受控制组，即第一组。其原因显然与学生缺乏练习诱因有关，他们对于自己的练习没有一点反馈信息。受忽视组虽然在练习中也未受到指导，但由于他们与另外两组学生同处一室，间接地接受了实验者对练习结果肯定和否定的信息，借以调节自己的练习活动。这个实验证明，对于学生的学习，表扬的作用大于批评的作用，而批评又比不闻不问好。不过，凡事都有一个限度，倘若运用不当，滥用批评和表扬，两种反馈都会削弱学生的学习动机。因此，在选用具体的反馈手段时，要注意反馈的效果。不论采用什么性质的反馈，其目的都是为了保护和调动学生学习的积极性，使学生的每次学习都有进步和收获，尤其是对那些学习不好的学生，更要注意培养他们学习的信心，学习的兴趣。

对学生的复习给以及时的反馈，是提高学生复习效果的重要方法，但不是唯一的方法。

遗忘与遗忘曲线

学过的课程到考试答卷的时候，怎么也想不起来，过去亲身经历过的事物，现在要重新述说，很多情节已讲不清楚。写信做文章，有时还会提笔忘字。这些在急需时都跑到脑后的事，关键时刻真使人心如火燎。

心理学把人的这些心理表现称做遗忘。遗忘属于记忆过程中的一种心理现象。人的记忆过程是由"记"和"忆"两个部分构成的。"记"是指人对于自己所经历过的事物的有关印象能在头脑中得以保持和巩固的过程。"忆"则是指在需要的时候或在一定的条件下，人能把记得的事物回想出来。记忆过程对人的知识经验具有储存和提取的功能。

但是在现实生活中，任何人都不可能把自己所经历过的一切事物全部记住和忆出，况且也没有这个必要。当过去曾经记得的事物在一定的情况下回想不出来的时候，就是遗忘。

人的遗忘可分为永久性遗忘和暂时性遗忘。学过的知识，经历过的事物，被忘得一干二净，在任何时候任何情况下，都不能从脑海中重新浮现出来，这就属于永久性遗忘。在正常的情况下，人的遗忘大部分属于暂时性遗忘。在特定的环境和时间里，人对于过去所识记的材料、所学的知识一时想不起来，回忆不出，但在适当的条件下仍可回想起来，如作文时提笔忘字或在考场里想不起考题的答案，过后却又想起来了，这就是暂时遗忘现象。

遗忘还可分为部分遗忘和完全遗忘。部分遗忘表现为人的记忆只保存了有关事物的部分内容或大体轮廓，而其他内容和细节部分被忘却了。部分遗忘在记忆中是常见的现象。完全遗忘是指人对过去曾经历过的事物在头脑中未留下任何痕迹和印象，无论通过什么线索也不能忆出的遗忘。这种遗忘在健康人身上很少发生。

遗忘现象看起来神秘莫测，变化无常，但它的发生发展也有一定的规律。德国著名心理学家艾宾浩斯在 1879 年到 1884 年间对记忆和遗忘进行了大量和系统的研究，他的研究成果具有重大的科学价值。他把自己作为被试，用无意义音节作为记忆材料。在持续几年的时间里，他一共学习识记 1200 个字表，每次学习时间 8 分～20 分，每次学习 8 个字表，每个字表都由 13 个无意义音节组成，通过一遍一遍地诵读，以达到背诵两遍不出错误为目标。休息 15 秒以后，再学习另一个字表，也达到同样的目标，直到把 8 个字表学完为止，经过若干时间，再重学这 8 个字表，仍以背诵两遍不出错误为目标，看重学时比先前节省多少时间，他把不同的时间间隔后的学习成绩记录下来，绘制成图（如下图）。

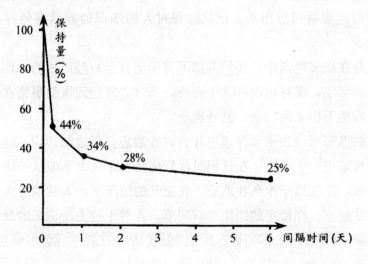

艾宾浩斯在识记后间隔 1 小时检查发现，记忆的保持量占原识记量的 44％，而其余的 56％被遗忘。在间隔 1 天检查时，有 66％的量被遗忘。间隔两天，忘掉了 72％。间隔 6 天，遗忘量为 75％。当间隔 31 天再检查时，遗忘量只有 79％。艾宾浩斯通过反复实验，发现人的遗忘在识记后不久就开始发生，而且遗忘的进程是不均衡的。在识记后的短时期内，遗忘进行得比较快，也比较多，以后逐渐减慢。经过较长的间隔后，记忆保持的数量减少，但遗忘发展的速度也缓慢下来。到了相当时期，保持下来的材料几乎不再遗忘，这就是艾宾浩斯所发现的遗忘规律。他所绘制的这条曲线就是心理学上所说的遗忘曲线。艾宾浩斯为人类记忆和遗忘的研究做出了重大贡献。

继艾宾浩斯之后，美、英、法、德等国家的心理学工作者也用无意义音节做过相同的实验。我国在 20 世纪 20 年代也曾有人对遗忘规律做过实验研究。这些实验的结果同艾宾浩斯遗忘曲线上的结果大同小异，都反映出遗忘的速度和进程先快后慢的趋势。

遗忘是记忆活动过程中一种正常的心理现象。必要的遗忘可以减轻人的心理负担。陈旧的知识和有害的经验被主动遗忘是人心理活动正常进行和健康发展的必要条件。但有些不必要的遗忘也常给人的学习、工作、生活带来困难和障碍，因此有时人们还需要同遗忘作斗争。

掌握了人的遗忘规律，就可以采取相应的措施和方法，克服或减少遗忘。科学实验证明防止遗忘最根本的办法就是复习。学习之后没有复习，遗忘得多保持得少。如果安排一次复习，那么情况就会大不一样。经常复习，效果更好，但是，并不是任何复习都会取得良好的效果，复习活动也有科学与不科学之说。

科学的复习首先在复习时间的安排上要合理。根据人的遗忘进程先快后慢的规律，学习后要及时复习。所谓及时就是说在遗忘还没有发生或遗忘很少的时候就进行复习，趁热打铁。这样就可使保持的材料得以巩固。如果等到学习的材料被大量遗忘以后再去复习，那就不是复习而是重新学习，造成时间和精力的浪费。在复习次数和间隔时间的安排上，要先密后疏。在学习后的短期内，多复习勤复习，待知识巩固，遗忘进程缓慢时，复习次数可适当减少，复习间隔时间相应延长。

其次要科学安排复习内容。中学生学习科目很多，各科都有遗忘，都要复习，所以科学安排复习内容也会提高记忆效果。每次复习内容量不宜过大，量大会增加记忆负担，导致脑细胞疲劳。单科复习时间不能过长，中间要有休息，最好是文理科内容交叉复习，这样既节省时间又提高复习效率。对于相似程度比较高的两种学习材料不要连续起来复习，如汉语拼音和英语这两样课程，最好不放到一起复习，因为二者容易相互干扰，记混记错。考试前不要复习与考试无关的材料。对于较长

的复习材料，中间部分要格外用心复习，因为材料的组合序列对人的记忆也有影响，开头和末尾的两端部分容易被记忆保持，中间部分容易遗忘。复习后不要立即从事难度更大的活动，这会减弱原来的复习效果，最好做些轻松愉快游戏性活动。

再就是复习方式要灵活多样。学科性质不同，材料内容千差万别，单一的复习方式很难适合各类复习材料的特点，因此恰当的方法可以使复习达到事半功倍的效果。如理解法、背诵法、练习和实验操作法、尝试回忆和自我检查法，还有编写提纲、绘制图表、自编习题、制作书目索引、摘记卡片、剪报等各式各样方法，都可以广泛采用，把听、读、写、想、看结合起来，把手、脑、口、眼、耳都调动起来，这样会显著地提高记忆效果，战胜遗忘。

有效的记忆术

人脑的记忆容量到底有多大？无法估量。有人说人的记忆能容纳下全世界所有藏书知识的总和。也有人说人脑能储存 $10^{12}\sim10^{15}$ 比特（1个信息单位叫1比特）的信息，是数字电子计算机的100万倍。然而对于这些说法，谁也没有当真去试量过。

可是，古今中外却有许多实例，说明人的记忆容量的确大得无比。只要想记，人脑都能收容进去，而且保持的时间也会长久。

我国明末清初的大学者顾炎武，能流畅地背诵长达14700万字的十三经。法国的拿破仑能记住他军队中所有士兵的面貌和名字。一名英国人，能把圆周率小数点后5050位熟练地背诵下来，而一位17岁的加拿大学生还可背诵到8750位，日本索尼电器公司一名职员却创造了背诵两万位的记录。真是惊人的记忆，令人羡慕。

人的惊人记忆力不是天生如此的，虽然优良的先天遗传条件在这里发挥作用，但主要的还是靠后天的培养和训练。能把圆周率小数点后两万位数字记下来的那位索尼电器公司职员，他是用了整整一年的时间，就像攻克难题一样，连上下班往返坐车的时间都用上了。顾炎武自幼好学，每天都有规定好的读书任务，还要抄写、做笔记、写提要、记心得，自少至老，未尝一日废书。

当然，心理学也承认人的记忆能力有个别差异。但对中学生来说，这种差异不会影响对当前所学课程的记忆。有的学生常因自己的记性不好而苦恼，甚至埋怨自己脑袋不中用，这里可能就有记忆方法不当，死记硬背记忆效果不佳的原因。为了提高同学们的记忆效果，这里介绍几种记忆术，也许会对同学们有所帮助。

一、理解法记忆

几乎每人都有这样的经验，凡被理解的材料，就容易记得住，而不理解的内容，即使多背几遍，还是记不牢。根据这一经验，在碰到那些枯燥的、缺乏有机联系的、不好理解的课程内容时，如历史年代、统计数字、符号名称、外语单词等，就可以通过人为加工，把它意义化，编成口诀、诗歌、顺口溜，或者利用谐音编成有趣的话语，这样记起来就很容易。如历史课有"夏禹商汤周武王，秦朝一统秦始皇。西汉刘邦汉高祖，东汉刘秀也称王"的类似七言的韵诗，总括了中国夏商周秦汉这段历史朝代变化和开国皇帝的名称。地理课的"老万越河，拣（柬）金太（泰）慢（曼）"，利用谐音编成趣话，把亚洲东南半岛国名与首都记忆下来。有人把圆周率小数点后 22 位数字用谐音编一段文言故事："山巅一寺一壶酒，尔乐苦煞吾，把酒吃，酒杀尔，杀不死，乐尔乐！"依音翻译过来就是 3.1415926535897932384626。记这段文言故事要比死记 22 位数轻松得多。

二、形象图解法记忆

人的记忆里储量最大的就是形象记忆。实际人记忆容量中的全部内容也不外乎形象和词语两大种类。而对于这两类事物，人更善于对形象的记忆。没看过大海的人也知道大海宽阔无垠波涛汹涌，但终不如一睹大海风姿的人那样对大海怀有深刻的记忆。这也就是我们的课堂教学为什么强调直观的重要原因。直观教学可以通过实物、模型、图表或者是亲手实验操作等，以具体事物的形象特征，帮助学生对教材内容的理解和记忆。物理课讲光的颜色，反射与折射，化学课讲水分子的成分，千说万说不如做个小实验一目了然。既省时又记得牢，而且还有助于对抽象词语的记忆。

三、联想法记忆

客观事物都不是孤立存在的，彼此都有一定的联系。就是因为这些联系，人们往往能由一件事物想起另一件有关事物。心理学把这种现象称做联想。利用联想原理可以扩大记忆范围，提高记忆效果。

联想的方式很多。早在 2000 多年前，亚里士多德就曾提出和运用三种联想增强记忆。这三种联想是：（一）接近联想。有些事物在时间和空间上比较接近，容易使人由此想到彼。如一说春天，人就会想到播种；一提秋天，就同收获联在一起。听说路上要过河，就会首先想到河上是否有桥。有的学生在考试时答卷，试题答案忘了，可他不是直接去想答案，而是想这个答案大约是哪本书上哪一页的哪一块地方上写着的，当初老师讲的时候自己正在做什么……想着想着，有时就真的想起来了。（二）想似联想。也叫类似联想。有些事物在属性或品质上有相似之处，容易引人联想，如看到高大挺拔的苍松会不由得使人想到宁死不屈的英雄先烈。一说狐狸就想到狡猾的人，豺狼总是与凶残联在一起。有些学生容易读错字、写错字或答串题，往往就是由于对事物间相似的特征分辨不清造成的，所以对相似性比较高的学习内容，要仔细认真辨别，不能张冠李戴。（三）对比联想。有的事物或属性同另外的事物或属性正好相反，这也容易使人把它们联系到一起，就像数学课上一说正数就想到负数一样。还有物理学上的膨胀与收缩，化学课的化合与分解，文科知识中的光明与黑暗、进步与落后、民主与集中、自由与纪律等，这些矛盾对立的事物容易被联结在一起储入人的记忆之中。

除此，事物间还有其他方面的联系，也有助于人的联想。某些事物具有类属关系，如一说脊椎动物人就会想起很多鱼鸟禽兽来；看到 N、

H、K 等符号，就会想到化学元素。有的事物具有因果关系，容易使人由因想到果，由果想到因。看到学生学习成绩很好，就会想到学习用心的事。看到水缸"出汗"，就能想到天要下雨，做好防雨准备。

这些联想，是人在事物间原有联系的基础上发生的。但在现实生活中，我们所要记忆的材料同周围的事物并不一定具有这种明显典型的联系。为了加强记忆，有时需要人为地把一事物同另一事物建立联系，这些联系只有自己知道，只能被自己利用。这也是个好办法。

四、卡片笔录法记忆

俗话说"好记性不如烂笔头"。很多有优异记忆力的人并不都是靠大脑，他们都有辅助记忆的手段，扩大记忆容量。其中记卡片、做笔记是广被运用的方法。列宁的记忆好，能一字不差地背诵俄国大诗人大作家许多诗章和段落，但他从不凭记忆"差不多"来叙述事实。他把需要记的材料都摘记在笔记本上。法国科幻小说大师儒勒·凡尔纳之所以有出奇的想象力，写出那么多内容丰富、情节奇特的科幻作品，是与他勤奋学习和善于积累素材分不开的。他亲手写成二万五千多张卡片和几百本笔记。中学生学习，也可以效仿此法，摘记各学科的重点知识，不仅翻阅方便，而且还保证知识准确。况且动手写一遍，要比看一遍效果好。"百闻不如一见，百见不如手过一遍"，这是颇有道理的经验。

古语说教无定则，学无定法。这些方法提出来只供同学们参考，这也是人类积累的学习经验。我们也可根据自己的情况摸索出一套适合自己记忆特点的方法。只要肯努力，方法又对头，脑的记忆容量会包容你的全部知识和经验。

"功能固着"的局限

　　给学生一支蜡烛，一盒火柴，一枚图钉，要求学生利用已给的这三个条件，把蜡烛点燃，固定在教室直立的墙壁上。学生思考良久，无人能够作答。

　　这是一个实验。问题解决的方法很简单，只需用火柴把蜡烛点燃，然后用图钉把空火柴盒固定在墙壁上，再用蜡油把蜡烛粘在火柴盒上，这样问题就算彻底解决。学生之所以良久没有想出解决这一问题的方法，是因为学生在思考解题的过程中，看到火柴只想到它是用来点燃蜡烛的，而没有想到它可以用来做烛台。当老师把答案告诉给学生们的时候，学生茅塞顿开，真为自己刚才的愚钝表现感到可笑。

　　其实这种现象在生活中经常有所表现。美国心理学家迈克还做过这样的实验，他从天花板上悬下两根绳子，一人站在两绳的中间，要求这个人把两根绳子系起来。但是，两根绳子的中间距离超出人的两臂的长度。如果用一只手先抓住一根绳子，那么另一只手无论如何也够不到另一根绳子。迈克的实验就是不让人同时抓住两根绳子。可是他在系绳人的旁边放着一个滑轮，这个滑轮像是无意中放到那个地方的，要想解决系绳的问题，就需要把滑轮拴在其中一根绳子上，然后让它摆动。当手先抓到没有系滑轮的那根绳子后，等到系滑轮的绳子摆到跟前时顺手抓住，这样两根绳子就都到手，系到一起就算完成任务了。然而实验的结果发现，尽管很多人都看到了这个滑轮，可谁也没有想到它会与系绳活动有什么相干，更没想到滑轮能当摆用，因而没有找到解题的方法。

上述的两个实验，很多学生不能顺利解决问题。其中的原因，按心理学家的解释，是"功能固着"阻碍了学生对问题的解决。

所谓功能固着，是指人受某种物体通常用途的局限，很难发现它还有其他新的功能，从而束缚了思维，影响了对问题解决的一种心理现象。这种现象在日常生活中随处可见。如头卡的通常用途是女人用来卡住头发的，因而很少有人想到它能当螺刀起旋螺钉；硬币通常是用做小钱购买商品的，很少有人想到它能接通电路；棉衣棉被是用做防寒保暖的，想不到它在扑救烈火的时候，能当灭火器阻断火势。可见功能固着与否对问题的解决很有影响。

功能固着是由人的心理定势造成的。心理定势也叫心向，它是由以前的活动而形成的对后来的同类活动所产生的一种心理准备状态，或者是活动的倾向性。一个人碰到新出现的问题，总是容易用过去处理这类问题的方式加以对待和解决。因此，定势可以表现出积极的和消极的两种效果。在条件不变的情况下，人能运用以前已经熟悉和掌握的方法，迅速解决问题，提高活动效率，这体现了定势的积极作用。但如果条件已经发生变化，仍旧照搬从前的那一套老办法，用固定的模式应付多变的现实，这不仅不能解决当前的实际问题，而且还会因循坐误，有害无益，这就是定势的消极作用。

功能固着是心理定势的一种特殊表现，它突出地表现在人对物体的用途方面，顽固的、呆板的、机械的心理倾向。实际上这是人的心理活动一种惰性的表现。一个人对某种物体通常的用途看法越稳固，就越难发现这种物体的新用途。如认定尺是用来测量物体长度的，那么不测量长度，尺就派不上别的用场。同样，要想测量物体长度，必须使用尺，没有尺，就不能测量。这就是功能固着的局限。

除定势之外，其他方面的原因，有时也会使人出现功能固着现象。

如学生在考场上应付考试，或有严格时间限定的实验，由于问题出现得突然，而学生解决问题的动机又十分强烈和迫切，脑神经的高度紧张，使学生的注意过分集中在所要解决问题的目标上，致使思路狭窄，行为不灵活，于是越发找不到解题的关键，如果延长时间，放松心理紧张，那么思路就会开阔，注意范围扩大，问题就会得到解决。

功能固着的反面是功能变通。功能变通表现出人的思维的灵活性和敏捷性。功能变通的人，遇到问题能随机应变，善于运用现场所提供的物质条件，因地制宜，因陋就简地解决问题。

功能变通与人的发散思维关系密切。所谓发散思维是指人在思考解决问题的过程中，把有关的信息朝着各种方向扩散，并引出更多的信息。以多种设想，寻找出多种的解题方案，而且每个方案都是正确的。如讲砖的用途，它的通常用途是建筑材料，盖房子、铺马路等，但它还有建筑以外的用途，可以当锤子，做武器，压东西，挡住车轮下滑，还可做尺量长画线等。发散思维往往不受定势影响，也不局限于课本教材上的内容。因此培养学生的发散思维是消除功能固着局限的有效措施。当然，功能变通需要以丰富的实践经验为条件，一个人对周围的物体最通用的功能都不熟悉，也不会操作，何谈功能变通！

创造发明的诀窍

社会的发展，科学的进步，离不开人才。而人才的主要标志在于开拓和创新。据很多心理学家研究证实，对于一般人来说，每人都有创造潜能，只要具备相应的内外条件，发展创造性，从事创造活动，就能有发明创造的成果。人与人之间的创造能力只有大小之分而无有无之别。创造活动的结果是给人带来新的、具有社会价值的产物。

为了培养和开发青少年学生的创造能力，这里介绍几种有关创造发明的小诀窍。这些小诀窍是根据美国奥斯本的"检核表法"的创造技法，经我国创造学研究会几位同志认真修订提炼而来的。它已经在一些中小学校推广试行，不少中小学生受此启发，搞出很多小发明小创造的成果。家长、教师以及其他成年人不妨也来试一试。

第一种办法是"加一加"。

铅笔和橡皮原来是分开的两样东西。一次威廉去看他的一位画家朋友，见朋友正在家里用一端绑着一块橡皮的铅笔在作画。于是他受到启发，发明了带橡皮的铅笔，很受用者欢迎。现在生活中的很多用品都是用这一原理创造发明的。如带闪光灯的照相机，收录音两用机，带帽子的风雨衣，带盒的铅笔刀等。

第二种办法是"减一减"。

上下班乘交通车的职工，乘车换车总要掏钱买车票，很麻烦。于是交通公司想出了买"月票"的办法，每月只交一次钱，凭月票即可乘车换车，省事极了。旧版字典又厚又重，改用薄纸型，翻阅携带就轻便多了。"卡拉OK"伴奏，歌唱演员不用乐队，只需一盒音乐磁带，就能达到完美的音响效果。

第三种办法是"扩一扩"。

教学用的大珠算盘，就是由原来普通小算盘扩大而来的。大算盘竖着挂起来，拨上去的算盘珠会落下来，再用"加一加"的办法，在串珠杆上安上毛刷，就把问题解决了。还有放大镜、望远镜、显微镜、宽银幕电影等，都是放大、扩一扩的产物。

第四种办法是"缩一缩"。

把一件东西压缩或缩小，会产生新的效用。医生利用缩小到直径只有几毫米的气球给病人疏通血管，把它插到病人动脉血管，探到脂肪阻塞的地方，通过导管给它充气使之膨胀挤压，消除了沉积在那里的脂肪。还有压缩饼干、浓缩鱼肝油、袖珍字典、保温杯等，都是这一原理应用的结果。

第五种办法是"变一变"。

想办法改变原有事物的形状、颜色、声响、气味、程序、味道等方面特征，也许会有奇迹发生。战国时期，齐国将军田忌与齐威王赛马，分上、中、下三个等级，由于田忌的马力不如齐王，三局他都输了。足智多谋的孙膑为他献策，要他下次赛马，先用三等马对付齐王上等马，用二等马应付齐王三等马，用一等马应战齐王二等马，这样保胜两局。田忌依计而行，果然以二比一大胜齐王。过去的报时钟铃声刺耳，把它改成音乐铃声，既报时又好听。饮料和饼干调成不同的气味和味道，就能适应更多人的口味。把单色铅笔变成彩色铅笔，很受儿童欢迎。

第六种办法是"改一改"。

现成的生活用品常有不尽如人意之处，想办法改一改就会好用多了。原来的长把伞不易携带和收藏，改一改就发明了折叠伞。过去的伞都是青一色，改一改伞面的颜色和图案，不仅各有特色，还美化了环境，点缀了生活。

第七种办法是"联一联"。

生活中有些事物和现象令人难以理解，若从因果关系中去寻求解决的办法会使人开窍或有所发现。澳大利亚有一片甘蔗田的甘蔗在一次收获的时候，产量比往年提高 50%，人们不解其中奥妙。后来有人想起在甘蔗栽种前一个月，一些水泥曾洒在这块田里，经科学家鉴定，正是这些水泥中的硅酸钙，使这片甘蔗田的酸性土壤得到了改造。于是专门用来改良酸性土壤的"水泥肥料"问世了。一只老鼠掉进氟化碳溶液中，没有淹死，令人奇怪。后经研究发现，氟化碳能溶解和释放氧气与二氧化碳。这与血液里的红血球能担负输送氧气和运载二氧化碳功能相似，于是利用氟化碳发明了"人造血"。还有捕鼠夹的制作也是应用这一原理。

第八种方法叫"学一学"。

根据一些事物的结构功能，不妨去学习研究一下它的原理的技术特点，或者进行模仿，也许会有某种效果。现代"仿生学"就是一门模仿生物的科学。人模仿鳄鱼用流泪的方式排泄盐溶液而发明了"海水淡化器"，仿乌龟壳原理制成耐压的"薄壳结构"的屋顶，仿人脑工作原理发明了电脑，仿气候特点创建"人工气候室"。

第九种办法是"代一代"。

考虑一下，用什么东西可以替代另一样东西？原材料、零部件、工艺方法是否也可有其他代替？历史上的曹冲称象，其聪明之处就在于他能用石头的重量代替大象的重量。我国象棋，过去曾用铜和象牙为原料制作棋子，现在改用木、瓷、塑料等原料，既经济又实用。饮料瓶塞的圆形垫片，过去用橡胶做成，现改成低发泡塑料，既降低成本消耗，又给国家节约大量橡胶。

第十种方法是"搬一搬"。

把一样东西搬搬地方，可能会有新的用途。法国化学家巴斯德在研究啤酒发酵时发现细菌的腐败的根源，并指出病菌可以引起传染病。英国医生利斯特看到他的著作后受到启发，找到了病人手术后伤口化脓的原因，于是把细菌导致腐败的原理搬到医学领域里，创造了消毒防腐法，减少了患者的痛苦和死亡。有人把电视机上的拉杆天线搬到了圆珠笔上，制成了可伸缩的两用教鞭圆珠笔。还有人把汽车上的自动雨刷搬到人的眼镜上，雨天用电池发动微型发动机带动雨刷，避免雨水模糊人的视线。

第十一种是"反一反"。

事物有正反两面，如从相反的方面考虑，把原来的位置或关系颠倒一下，说不定会有新的发现和作为。古代司马光砸缸救人的事，就是用这一原理解决燃眉之急的。小孩掉到水缸里，一般的做法是想法让人离开水，但当时的条件此法行不通，于是司马光从反面想到让水离开人，结果孩子得救了。英国科学家法拉第，根据电流能产生磁的事实，他颠倒过来考虑，产生了"把磁转变成电"的新想法，并把这想法写在笔记本上。后经实验证明，磁果然能转变成电，并发明了发电机。

第十二种方法"定一定"。

碰到问题，想要改进原事物，创造某种东西，有时需要做出一些规定，明确一下范围。在没有温度表以前，人们无法确定今天和昨天的温差有多少，医生说不清病人发烧的程度，要想发明测温的仪器就得规定冷热的标准。瑞典科学家摄尔休斯规定，水结冰的温度（冰点）为零度，水沸腾时温度（沸点）为一百度，中间分为一百等份，每一等份代表一度，这就是摄氏温度表使用的温标。高音喇叭、机器轰鸣，人的大声吼叫，这些噪音刺激对人有害。怎样确定声音大小到"噪音干扰"的程度呢？科学家给声音大小做了规定，大小单位名称叫分贝。人面对面的说话声，约为 70 分贝。身边的汽车喇叭声约为 110 分贝。创造"环境噪音显示器"可以监测周围环境的噪音程度。噪音超过 85 分贝，就意味着妨碍别人的工作和学习了。病人用药，药水瓶上有刻度，有标签说明，注明每日用药时间、次数和药量。城市十字路口的交通信号灯，红灯停绿灯行，这些都是人自己规定，自己发明创造的。学生上课起立，课堂发言要举手，也是一种规定。

上述这些方法，只能给人提供创造发明的思路，不是全套方法。希望青少年朋友都能成为有创造能力的人才！

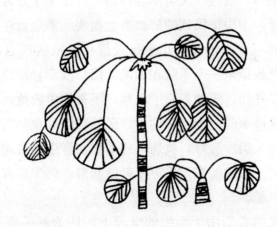

听音乐有助于学习吗

世界上几乎找不到不喜欢音乐的人。音乐能调节人的情绪，陶冶人的情操。人在忧伤之时，听一首轻松优美的乐曲，能使人忘掉烦恼之事，心情愉快，精神振奋。人在疲倦之时，听听音乐，可以消除疲劳，焕发活力。在古代，两军交战，双方擂鼓，就是用有节奏的鼓乐之声激励士气，冲锋陷阵。现代《义勇军进行曲》曾使千千万万的中国人热血沸腾，前赴后继，为中华民族的解放事业抛头颅洒热血在所不辞。美国加利福尼亚州的一个加油站，几乎每天都有因抢购汽油而发生斗殴事件。后来油站老板请来一个乐队在加油站门口演奏轻松悠扬的乐曲。从此，这里的秩序井然，买油者心平气和，不再你争我抢，恶语伤人。美国报纸在评论这件事时，把音乐称为"医治狂躁的良药"。

音乐不仅为人类所喜好，就连某些动物在音乐的熏陶下也会表现出良好的驯化反应。大象能在音乐声中翩翩起舞，奶牛在有音乐的环境中能增加牛奶的产量。

现在有人又把音乐用于学生的学习上，认为音乐能开发学生的智力。启发学生进行创造性思维，丰富学生的想象力，提高学习效果。

美国的俄亥俄州大学丹尼尔教授对156名学生进行调查发现，学生中有边学习边听音乐习惯的男生，要比没有这个习惯的男生学习成绩好。平时习惯于听70分贝（分贝是计量声音强度大小的单位）音乐的男生，学习成绩优于听 40 分贝音乐的男生。但在女学生的调查中却没有发现这种差异。丹尼尔认为，男学生比女学生更容易对音乐产生兴奋。他还认为，音乐能提高学习效果，是因为每一支乐曲都是由一定的速度、音色、强度、节奏等因素组成，并且处在不断的变化之中，表达和传递着某种意境，调节人的心理活动，因而使学生大脑处于较佳的活动状态，从而提高了大脑的使用功率。

我国有的教师通过实验和研究发现，音乐有助于提高学生作业和复习功课的效果。某校初中三年级的一个班，为准备升学考试，作业量增多了，学生晚上也要写作业和复习功课，但是持续一段时间以后，老师发现学生并没有因为延长学习时间而提高学习成绩。原来学生晚上学习，思想常开小差，注意力不集中，时间稍长一点还困倦，打瞌睡，因而收效不大。后来有一位老师提倡学生晚上在家学习功课可以打开收音机或录音机，收听一些节奏舒缓轻柔旋律优美的轻音乐和民族乐曲，但音量不要大。这样可以排除干扰，能集中精力学习。这一倡议开始遭到家长的反对，后经一些学生实践证明此法有效，家长才普遍给以配合。

还有一名男学生，论智力很聪明，但学习成绩却不好，读小学时就留了一级。上中学以后，家长担心他学习跟不上，就要求他放学后回家必须复习功课，每天 3 小时～4 小时的时间。可是坚持一段时间仍不见成效。这个学生的特点是兴趣广泛，爱读各种书报杂志，思想很活跃，但做事没有恒心，做作业思想经常溜号，头脑里的念头一个接着一个，常把解题的思路打断。针对这种情况，老师建议他用听音乐的办法帮助学习。于是选了几盘如"春江花月夜"、"红河水"之类的民族乐曲和世界名曲的录音带，学习时就打开录音机，轻轻播放这些音乐。结果这个学生的学习效果明显提高。初中毕业时考中一所他最理想的职业高中，实现了自己的第一志愿。

有人通过研究还发现音乐有使人保持长时间兴奋而不知疲倦的功能。有个学生原来有个毛病，一拿起课本，学习一会儿，就睡意袭来，打不起精神。后来他采用边听音乐边学习的方法，效果很好，既不感到困倦，又能集中注意学习。持续一段时间以后，他逐渐养成了学习的习惯。即使坚持几个钟头的学习，也不会像原来那样感到倦怠和乏力。随着年龄增长，知识基础的坚实，学习兴趣的浓厚，他现在就是不听音乐，也能维持长时间的注意力自学功课。

如果学习环境声音嘈杂，用听音乐的办法还可抵制噪音的干扰。不过，所谓听音乐有助于学习之说，也是有一定条件的，而且还因人而异，故不能一概而论。有些音乐不仅无助于学习，甚至还会妨碍学习。因此，想通过听音乐来帮助自己学习的学生，应当对音乐有所选择。

首先，不能选用具有催眠性质的乐曲。这类乐曲旋律单调，节奏缓慢，容易使人的神经细胞发生抑制。学习需要大脑兴奋、觉醒，当然不宜选听这种音乐。

其次，属于靡靡之音的乐曲不能采用。这种音乐曲调令人情绪消沉，意志颓废，精神倦怠，而且音色也不健康，听这种音乐对学习只有消极影响，有害无益。

再有当前流行歌曲的音乐不宜采用。因为流行歌曲都带有通俗上口的歌词，用它容易分散注意，不知不觉跟着哼起来，甚至会引起与学习任务无关的一些联想。况且有些流行歌曲的音乐由于采用现代音响效果，加上起伏跌宕的节奏旋律，更容易使人分心，特别是一些打击乐和节奏太快的乐曲，只有负作用，难以使人安心学习。

经实验证明，选用古典的或现代的轻音乐效果最好。那些具有中国民族风味的乐曲和几大世界名曲、舞曲、小夜曲等都比较合适。但听的时候，声音都不能放得很大。

不管选用什么乐曲，只要是因为音乐影响了解决问题的思路，影响了注意的集中，甚或变成了音乐欣赏，那就失去了用音乐辅助学习的意义。这种情况就应该取消音乐。

学生之间存在着各种差异。有的学生对学习环境的要求是越静越好，任何音乐都不能令其安心学习。这样的学生就不要东施效颦，硬要在学习时加上音乐。各人自学习惯不同，加与不加音乐，都是以保证学习效果为前提。

现在，利用音乐开发学生智力，促进学生学习，已在我国受到普遍承认和重视。很多学校很多学科已把音乐引到课堂上来，实行音乐教学，效果很好。相信不久的将来，音乐在教学上的应用会更加普及，会有更大的突破。

人的智力结构

　　最近几年，"培养智力"和"开发智力"已变成时髦的口号，学校教改把它确定为主要目标，家长也毫不吝啬地给孩子以大额的智力投资。然而智力到底是什么，智力结构包括哪些成分？这却是一个很难说得清楚的问题。因为直到目前，心理学界对于这个问题也还没有一个统一的定论。可见智力问题有多么复杂。

　　关于智力的含义，从古至今人们说法不一。最早人们对智力、能力、知识、技能和经验是不加区分的，把它们混为一体统称"本领""才能"。后来分裂出两种对立的观点，一种观点认为人的智力是由遗传决定的，是天生头脑中就已存在的东西；另一种观点认为智力是个体后天学习的结果，是由文化教育和经验决定的，其中知识起着决定作用。现在看来这两种观点虽各自都有合理的部分，但都偏于极端。

　　另外，由于人们各自研究探讨的领域不同，因而从不同的角度对智力的解释也不同。如生物学家从生物学的角度把智力说成是"有机体适应新环境的一种能力"；神经生理学家则说智力是"大脑的功能"；教育学家认为"智力就是学习能力""是分析问题解决问题的能力"；还有从智力测验的结果认定智力就是智商（智力商数，用以标示在智力测验中被测验者智力发展水平）。

　　现代心理学的研究，关于智力的结构也有许多不同的学说。其中在学术界影响比较大的有智力因素说和智力结构说两大理论。

智力因素说认为，人的智力是由几种因素构成的。如英国的斯皮尔曼早在 20 世纪 20 年代就提出智力的两大因素。这两个因素一个是一般因素（G），这种因素是天赋的，参与人的所有智力活动；另一个是特殊因素（S），它受后天教育和训练的影响较大。这一因素数量大，可能有很多个。学习不同的学科，发挥作用的特殊因素各不相同。如学习语文时，智力的两个因素 G 和 S_1 发生作用，学习数学时则是智力 G 与 S_2 发生作用。因为有共同因素 G，所以语文学习比较好的学生其数学学习也能好。但由于特殊因素 S_1 和 S_2 不同，所以语文学习和数学学习又不能完全一样。另有美国的塞斯顿提出了智力的多因素说或群因素说。他把人的智力概括为七种因素，也称七种能力，即词语理解能力、词语流畅能力、计数能力、推理能力、空间能力、知觉速度能力和机械记忆能力。塞斯顿认为，这七种能力各自独立存在，互相之间全无关系。

智力结构说认为，智力的各种因素具有一定的结构，结构不同，智力也不同。英国的艾克森在斯皮尔曼二因素说的基础上，把 G 因素称为第一级层次，由 G 因素分解成各种特殊能力构成第二级层次，各种特殊因素所体现出的具体测验内容为第三级层次。人的智力结构就是由这三个层次组成。美国的心理学家吉尔福特从内容、操作和成果三个方面分析智力结构，最后把智力的构成划分为 120 种因素。

综合国内外的研究成果，目前我国心理学界比较赞同"智力是人的认识能力"这一解释。并且把观察力、注意力、记忆力、想象力和思维能力确定为智力构成的基本因素，其中抽象的思维能力是智力的核心，各种能力之间是相互关联的。

人的智力水平是有差异的。早在两千多年前，孔子就曾把人的智力分成上智、中人、下愚三个等级。现代心理学研究也证明，超常、中常和低常的智力水平差异确实存在。

智力表现在学习上就是学习能力。智力水平高的学生在相同的条件下，比一般学生学得轻松。很多教学实践表明，对学生的作业要求越高，学生智力上的差异表现得就越明显，某中学在对初中学生进行普测时发现，简单容易的题目所有学生都能正确作答，但对其中三个需要思考的问题却不是所有的学生都能回答得圆满的。这三个问题是：（一）一群小孩游戏，其中有一小孩不慎跌进一个大水缸里，怎样才能很快地把他救出来？（二）几个小孩踢皮球，恰巧把球踢进一个很深的树洞里，用什么办法能把球取出来？（三）一张方桌，怎样用最简便的办法把桌面变成八个角？测试结果，初中一年级学生有一半人不能回答，初中二年级学生有三分之一不会解答。

有的心理学家根据学生在学习过程中的智力表现，概括出不同智力水平的特征。智力较高的学生其特征是：①能解决困难的问题；②能理解复杂的问题；③能解决抽象符号的问题；④能迅速地解决问题；⑤能创造性地解决问题。而学习困难成绩比较差的学生其特征是：①应用知识的自觉性较差，解决问题经常靠盲目尝试和主观猜测，不能把握问题的实质寻求解决问题的线索，完全是无目的地进行学习活动；②智力活动的组织性不够，智力活动缺乏系统性，不能一步一步地考虑问题，思维步骤不清晰；③思维活动灵活性不够，习惯用老方法，不考虑问题的具体条件变化盲目地套公式、扣类型。

不过，现实中学生智力特征表现是非常复杂和多样的，各种智力因素发展也不一定都是一致的。如有的学生很善于辞令，能夸夸其谈，但文章却写得蹩脚。有人文章写得好，可言语表达很不流畅。有的学生长于记忆，过目不忘，有的学生思维灵活，理解能力很强，有的学生观察能力敏锐，有的学生想象丰富……每个学生在智力活动中各有自己的优势和风采。所以家长和教师对学生智力水平的高低不能笼统轻率地妄做论断。

当前，从世界的趋势来看，各国教育都非常重视对学生智力的培养和开发。美国的布鲁纳和前苏联的赞可夫都在这方面提出了一整套的理论和方法。布鲁纳提倡学生用发现法进行学习，主张学生独立思考，通过自己主动地学习来组织材料，发现知识，掌握原理。赞可夫认为，学校教学的主要任务不是单纯传授知识，而应该首先发展学生的观察力、理解力和逻辑思维能力。并且在他的教学与发展思想指导下，根据实验提出了五条新教学理论原则。这就是：①以高难度进行教学的原则；②以高速度进行教学的原则；③理论知识起指导作用的原则；④使学生理解学习过程的原则；⑤使全体学生包括"差生"都得到发展的原则。这些新的教育理论和原则，无疑会对我们的教育观念和教育方法的改革有很大的启迪。

学生的智力是在一定遗传素质基础上，通过教育和实践，在掌握知识的过程中逐渐形成和发展起来的。没有掌握知识的活动，智力就无从表现，也无从发展。而掌握知识的快慢与多少，又依赖于学生智力发展的水平。智力是学生获得知识的前提，知识的获得反过来又能促进智力的发展，二者之间相辅相成。因此，培养学生的学习兴趣，激发学生的求知欲望，丰富学生的科学文化知识，开展多种多样的课余活动，改进教学方法，因材施教等，这些方法和措施不仅能强化学生的学习动机，而且也是培养和开发学生智力的有效途径。

智力高低与成就大小成正比吗

　　学生的智力水平标志着学生聪明的程度，而聪明与否对于学生的学习则有至关重要的影响。一般说来，学生的智力水平与其学习水平是相适应的。天生白痴是无论如何也不能完成正常人的学习任务的。但是生活中常有这样的事，有人尽管智力水平很高，被人们公认为聪明，但却不见有什么作为，乃至最后被人说成是中药"茯苓"，即"浮灵"的谐音。而有的人虽然智力平平，甚或还有点笨头笨脑，但却在事业上做出很大成就。这说明一个人的成功，除了智力因素，还有一个非智力因素也在发挥作用。

　　据史料记载，古雅典有一位著名的演说家德莫斯梯尼，他原本不具有演讲的能力，口吃、气短、声音微弱、发音不清，动作呆板，只是因为幼时听过一位出色演说家的演讲，便着魔似的也想当一名演讲大师。可是当他经过一番准备，开始正式登台演讲的时候，等待他的是听众的嘲笑、谩骂和起哄。他曾一次次地从台上被赶下来，屡次失败使他经受非常痛苦的折磨。然而他始终没有放弃自己的理想和追求。在一位演员的鼓励和帮助下，他吸取失败的教训，一切从头开始。他朝朝暮暮，不辞辛苦，练习发音的基本功。为了矫正口吃使发音清晰，他居然把小石子含在嘴里，面对高山大海，最后他发出的强音竟盖过狂风怒涛的响声。同时他还潜心研究文学历史，背诵诗歌、神话和戏剧。经过十多年的苦练，德莫斯梯尼终于成功了，他凭着自己富有魅力的演讲，赢得了听众的敬佩和尊重。

还有报童出身的爱迪生，他一生中有一千多项发明，为社会进步做出巨大贡献。但他只读了两个月的小学。他靠在火车上卖报的机会看书看报，向人请教，刻苦学习。他用节衣缩食省下来的钱买点实验用品，搞一些小实验。一次因为实验出了事故，耳朵被车长打聋，可他却乐观地说："这样可以排除一切喧嚣而集中精力工作。"他对天才的理解是一分的灵感，九十九分的血汗。灵感属于智力范畴，而血汗则是非智力因素。

综观世界古往今来，任何一位成就大事业者，都不是仅仅因为聪明而获得成功的。智力因素对他们来说只是成功的前提条件，而良好的非智力因素才使他们有幸摘取胜利的桂冠。

所谓非智力因素，从心理学的角度来讲，主要是指个人的情感、意志、性格等方面的特征。作为情感，虽然它不能直接反映客观事物的某种属性，但它对于人的认识活动却有非常重要的影响。列宁曾说过："没有人的感情，就从来没有，也不可能有对于真理的追求。"一个人的求知欲望，探索精神，学习兴趣，无不伴有热烈的情感体验，使人乐而为之。坚强的意志，能使人对已确定的目标义无反顾，不管碰到什么困难，遇到什么挫折，不达目的决不罢休。很多人的成功往往就在这坚持不懈的努力之中。如果意志薄弱，碰到障碍就退缩，那么连最简单的事情恐怕也难做成。个人的性格对于活动的效果乃至成败也有直接的影响。我们谁也不会怀疑，一个工作勤恳，办事认真，谦虚好学，刻苦努力的人，不能没有收获和进步。而性格懒惰，不能吃苦耐劳，办事敷衍塞责的人，其工作学习都不会有好成绩。

从当前学校学生学习情况来看，学习不好的学生，其原因往往并不是由于学生智力水平低下。有的恰恰相反，聪明得像小精灵一样的学生却也有学习成绩欠佳的。这样的学生都是非智力因素不好，自制能力差，不能自觉地维持有意注意，对学习和作业感到厌烦，坐不住，爱淘气，抵制不住外来刺激的诱惑，结果影响了智力因素效能的发挥。某校有智商同是 136 的两名学生参加理科高考，其中非智力因素优秀的学生高考成绩是 500 分，而另一个非智力因素不好的学生高考成绩只有 355 分，前者超过后者 145 分。在文科高考中，一智商为 104 的学生由于非智力因素较好，高考成绩达 491 分，而另一个智商是 114 的考生高考成绩却只有 250 分。

美国心理学家特曼在 20 世纪初期，用智力测验选出智商超常儿童 1500 名，并对他们进行长达 30 年的追踪研究。结果表明，智力超常儿童中有一部分后来取得很大成就，另一部分则没有什么成就。分析原因，发现造成这种差异不在智商的高低，而在于每个人个性心理品质的不同。成就大的那一部分人具有很强的自信心、持久力和胜过别人的愿望，成就小的人则明显缺乏这种品质。因此特曼认为，智力与成就之间并不完全相关。

在学校里，学生的活动可分智力活动和非智力活动。智力活动包括理解、想象、抽象概括、归纳、演绎等思维活动。非智力活动包括学习动机、兴趣、情感、意志、性格等方面。前者在教学中能直接体现，效果明显，易被教师注意。后者间接参与教学活动，效果不明显，容易被人忽视。实际上二者之间是相互联系相互促进的。非智力因素在学生的学习和发展中，具有与智力因素同等重要的作用。因此，要想提高学习效果和学习成绩，不仅要培养和开发学生的智力因素，而且还要培养学生良好的个性品质，充分利用和调动非智力因素。

大数学家华罗庚以自己的实践经验，在赠给当代青年的一首诗中写道："勤能补拙是良训，一分辛劳一分才。"

中学生的心理敏感区

一名男学生平时表现很好，也尊敬老师。可是有一次在同老师的谈话中，因为一件小事，老师说他是"麻脸照镜子——个人观点"。他顿时恼火，话也没说转身就走了。老师感到很意外，不知这中间出了什么差错。过后老师才明白，原来是那句歇后语触怒了这位学生。因为这位学生的脸上有几个浅麻点，其他同学给他起的绰号就叫"麻脸儿"。平时他对某些同学喊他的绰号很反感，但又不得恼怒，只有不理。但是当他听到老师也说麻脸的时候，误以为老师有意羞辱他，所以他对老师极为不满。这位老师通达事理，知道是由于自己不慎而触犯了学生的心理敏感区，于是他主动把那位男同学找来，通过单独谈话，才把师生关系由紧张化为融洽。

心理学把个人不希望别人知道、不愿被人当众提起的某些缺点或隐私，称做心理敏感区。在现实生活中，可以说每个人都有自己的心理敏感区。只是中学生由于思想还不成熟，社会经验少，看问题容易片面，所以对于同类问题，他们要比成人敏感得多。据研究，中学生的心理敏感区大致包含有这样一些内容：

一、属于生理缺陷方面的问题

青少年学生正是注重个人容貌和仪表的时期。不要说是大毛病，就是头发长短、肤色黑白、脸盘大小，都会构成他们的心病，更何况有某些明显的生理缺陷。像跛腿多指、斑秃麻脸、个头矮小、体形肥胖以及某些生理器官发育不良、功能不健全等，都会使一些学生感到痛苦、难堪，生怕别人嘲笑。因此对别人的话语、眼神表情都格外注意，特别敏感。俗话说"在矬人面前不说矮话"，就是以防误会，免得触动敏感区。

二、属于家庭亲属方面的问题

没有独立的青少年学生，比较注重家庭成员在社会中的地位和声誉，并把这些同自己的荣辱联结在一起。因此，学生对于自己的家庭成员，特别是父母兄弟姐妹等直系亲属，有违社会道德规范，或有诈骗、盗窃、受过拘役坐过牢的行为，非常不愿意被张扬出去，害怕被老师和同学知道。另外，有些正常的社会现象，如离婚、再婚，或某些正当职业，如拣破烂儿、掏大粪、殡葬工等，受旧观念影响，学生对自己家庭成员的这些情况，不喜欢被人提及。

三、属于个人过失方面的问题

有的学生由于过去年幼无知，曾犯过错误或出现过某些问题行为，现在觉得这些事很不光彩，不愿被人说起。如有的学生过去曾在考场上打过小抄，捡到东西没有交公，打架斗殴伤过人，不经主人允许拿过别人的东西，与校外不法团伙有过瓜葛，在派出所里挂过号，入过另册，受过校纪处分，或是女学生因受坏人利诱上当受骗失过身，还有学习不好，蹲班留级等。这些往事有损于学生当前的形象。因此形成学生心理上不让别人触动的禁区。

学生的心理敏感区，是学生介入社会生活之后逐渐形成的，是儿童在自我意识形成过程中一种自尊的表现。凡被划为敏感区里的内容，在学生个人看来，大都是些不大荣耀和光彩的事情。这些事情，即使在平日里，也常常构成学生心灵中的阴影，形成思想包袱，并因此而认为比别人矮一截，诱发自卑心理。

但是，由于每个学生的个性特点不同，对触及心理敏感区的反应也不同。有的学生是一触即发，反应强烈，大有与人以死相拼之势。有的学生表面上可能很平静，但积怨在心，在以后的时间里，会寻机给触及禁区的老师出难题，找岔子，以图报复。有的学生会由此感受到严重的屈辱，心情沉郁，不愿与人交往。有的学生则会觉得无地自容，想不开而走上绝路。

对此，教师要尽快熟悉每个学生的具体情况，做到基本上能够确定每个学生心理敏感区的范围。尽力不去碰撞学生的心理禁区。一旦碰撞要立即补救。并且要通过各种有效措施和办法，做好学生的心理脱敏工作。教育学生要树立正确的价值观。个人生命的价值不是由生理上的完缺、家庭亲属的荣辱或者是童年少年那一点波折所能决定的。人生之路要自己走，而且要脚踏实地地走。现在正是学生时代，主要任务是学习，学好思想，学好本领，将来为振兴国家做大贡献，这才体现出生命的真正价值。当前不要被世俗的虚荣所迷惑。还要教育学生正确对待过去自己所犯的错误和过失。错误对于任何人来说，都是在所难免的，关键是要吸取教训，以后不再重犯。因为过去所犯的一点错误而一蹶不振，不能自拔，这实际是犯了更大的错误。学生本来就是受教育者，有这样和那样的缺点错误是正常的。教育的威力就是帮助学生克服这些缺点错误，按社会需要把学生培养成有用的人才。再就是要树立良好的校风班风，教育每个学生要尊重他人，同学之间要团结友爱，相互理解，相互勉励。不能取别人的短处寻开心，更不能对别人的不幸投井下石。虽然生活中也确有这样的人，为了要挟或制服别人，专以探询和揭露别人的隐私和疮疤为手段。但学校是教育人的场所，这种现象不该在校园里出现，尤其不该指向学生。

在充满正义，充满理解和友情的集体里，学生的心理敏感区会逐渐缩小范围，也许这禁区最后能变成开放区。

青少年的心理闭锁

现实中，常有一些中学生的家长对自己孩子的心理变化感到不安和焦虑。因为在他们看来，孩子上了中学以后，似乎变成了另一个样子。小学时的孩子，天真活泼，开朗直率，非常爱说话，什么事也不瞒着大人。放学回家，小嘴总是喋喋不休地说着，讲述学校、班级、老师、同学，还有自己的各种故事。虽说都是一些无关重要的话题，但家长听得很高兴。只要孩子在家，家里的气氛总是乐融融的。

可是当孩子上了中学以后，不知为什么，话语逐渐减少，对父母也不像以前那样亲近了。有时办事还躲躲藏藏的，像是有什么秘密似的。家长关心想打听一下到底出了什么事，孩子还显得很不耐烦，埋怨父母多管闲事。面对孩子的这些变化，很多家长摸不清头脑，担心孩子得了什么病。

类似这样的现象，在很多中学生身上都有表现。这不是疾病，这是青少年阶段心理发展的特征之一。心理学把这种现象称为青少年的心理闭锁性。

青少年心理闭锁性特征有几种典型的表现。

一、同父母的对话减少，内心的秘密不向家长述说

步入中学的青少年，渐渐地不大愿意讲话。儿时的那种好问爱说的

现象慢慢地消失了。但这并不意味着中学生无话可说，而是有很多话不想说，也不愿意说。内心藏有很多家长无以知晓的秘密。

二、藏匿自己珍爱的物品

进入少年期以后的儿童，要求有属于自己的领地、空间和物品。喜欢在自己的小天地里，做自己愿意做的事，并且不喜欢别人打扰和过问。对于属于自己的且认为有价值的东西，不再作为一种显耀送给别人看，而是偷偷地藏起来。所以这个时候的儿童大都拥有一张小桌，一个抽屉或一个小匣子，而且要加上锁，钥匙把在自己手里，越是认为重要的东西，越是藏得严密。

三、自发地写日记

儿童到了青少年阶段，不用老师要求，不用家长叮嘱，会自发地写日记，而且这个日记不对外开放。日记上写着自己的心事，写着自己对周围世界的看法，摘录某些爱情诗句或带有哲理的格言等。日记写好后就锁在抽屉里，不允许家人翻阅。

四、寻找知心朋友

青少年学生愿与同龄人相聚并从中寻找结交知心朋友。青少年的心扉在向着家长和老师的时候，是闭锁的，但在知心朋友面前，却是敞开的。朋友相聚，无话不说，无事不谈。碰到问题或麻烦，找朋友出主意想办法，而家长和老师却被蒙在鼓里。因此要了解这一时期青少年学生的一些情况，找他的朋友比找他的父母更有帮助。同时，这个时期的学生还爱给朋友写信。哪怕住在一个城市里，平时有机会见面的，信中的内容只有写信者和收信人知道。

青少年的闭锁心理，是青少年在心理发展过程中，由于主观和客观的不统一引起青少年一系列心理矛盾而产生的。

我们知道，儿童进入青少年阶段，活动范围开始扩大，活动内容逐渐增多，因此致使青少年的内心世界开始丰富和复杂起来。加上性生理的成熟和性意识的萌发，他们有一种"成人感"并向往独立。但是实际上却又离不开对成人的依赖。社会上对他们的成人感也不表示认可，仍把他们看成是不懂事的孩子。家长和老师也总干预他们的事情。有的学生甚至受到家长严格的监视和限制。这就使青少年与社会与成人产生一定的隔阂。

另外，有些家长和老师对学生的合理愿望与要求不尊重不支持，对学生的一些想法不够理解。有的学生本来想向家长谈谈心里话的，可经常遭到家长的批评和驳斥，什么"异想天开"，"胡思乱想"，"小孩子胡说八道"等。有时还受到讥讽嘲笑。这就挫伤了孩子的自尊。他们宁可把自己的想法装在肚里，也绝不轻易说给不理解自己的人，哪怕是亲生父母。

但是青少年的心理闭锁，常使青少年陷于孤独和烦闷之中。为了寻求解脱，抒发自己对生活的感受和表达自己对世界的看法，他们便用写日记的办法聊以自慰，求得心理平衡。日记对于这个时期的青少年来说，是朋友，是听众，是知音。它默默地倾听着闭锁少年的心声，忠实地记录着未成年人的真情。它不会向权威者谄媚，也不会像阴谋者告密。青少年不会因此受到非议和责备。所以写日记往往成为很多青少年特别喜欢的一种自我表白的方式。

写日记虽然可以缓解和宣泄青少年内心世界的苦闷和孤独，但青少年和日记，彼此间毕竟不能进行双向的思想和感情交流。于是他们就到同龄人中去寻找朋友。因为在同龄人中，他们有相似的生活阅历，有共同的思想感受、愿望和要求，彼此能相互理解，有共同语言。所以青少年把自己与同龄人的友谊看得特别重要，超过了对父母的感情上的联系。

当然，青少年的闭锁心理，也并不是在每个中学生身上都有明显表现。表现强度的大小很大程度取决于上述几个因素协调的状况，其中尤以学生与家长和教师关系融洽程度最为重要。具有民主作风的家长和老师，对学生既有严格要求，又有对学生的理解和支持，能成为学生亲善和信赖的朋友。在这种环境下生活和学习，学生的闭锁心理就不会表现特别突出。不过当儿童进入这个年龄段后，心中总会有一些不能向人言表的秘密。家长和老师应该允许他们保留自己的秘密。实际上学生有秘密并不是坏事，说明孩子已经长大。没有秘密的人永远不会成熟。对于学生锁藏起来的日记或其他东西，不能强行翻阅查看，这会引起学生反感，更加紧闭心扉。也不要过多地干涉学生的活动，有些事可以大胆放手地让学生去做，即使做错，也有收获。青少年学生最讨厌唠叨，而有些家长恰恰以唠叨著称。对于学生与同龄人的交往，不宜严格限制，况且正当交往对青少年的心理发展有好处。但要注意孩子的择友标准。

由于青少年学生还有幼稚天真的一面，家长和老师不能因为怕加重学生的心理闭锁就放松对学生的教育和要求，只是要注意做好正面引导工作，注重教育的质量和效果。

青少年的性好奇

人从出生到成年，在整个生长发育过程中，能出现两次生长发育迅猛的"高峰期"。一次是乳儿期，即从出生到周岁。虽然只是一年的时间，但生理器官的发育及其机能变化却特别显著。另一次就是少年期和青年初期，统称青春发育期。此时正是学生读初中和高中的时期。这一时期，人的生长发育具有突飞猛进的特点。具体说来，主要有三个方面的表现。

一、身体外形上的变化

这一时期骨骼急速生长。过去平均每年身高能长 3 厘米～5 厘米，现在则可长 6 厘米～8 厘米，甚至可达 10 厘米～11 厘米。所以这时候的孩子几天不见，就给人有拔高之感。手大脚大，特别是腿骨长得最快。一条穿着合体的裤子用不了多长时间就短小得不能穿了。肌肉也随骨骼的发展逐渐发达起来，体重增加。

二、内部器官机能的健全

在青春发育期内，心肺明显增大，心脏容积和血管容积以及血压、脉搏、体温，还有肺活量等，基本上达到成人指标。神经系统，特别是大脑的发育已趋于完善，基本机能已经成熟，第二信号系统发挥主导作用，这就为青少年逻辑思维的发展奠定了物质基础。

三、性器官与性功能的成熟

此时人的性腺开始成熟。在性激素的作用下，男女之间的性别差异日趋明显。第一性征卵巢和睾丸发育成熟，第二性征或副性征明显表露出来。如女孩的乳房突起，骨盆变宽、声音变尖、出现月经，皮下脂肪增多，显得体态丰满。男孩喉结突出、声音变粗、长出胡须、梦中遗精，还有肩膀变宽胸变阔，呈现出男性的体型。

基于青少年生理上的这种突然和明显的变化，促使青少年产生一种"成人感"，觉得自己已经长大，不再是个孩子。不过有些发育较早的学生，由于对自己的身体急速增高和性征上的明显突变缺乏思想准备，往往感到害羞和腼腆。有些学生甚至对月经和遗精现象感到惊恐、焦虑。当然发育过晚也会引起学生的苦恼，看别人都长得像个大人，自己还像个孩子，容易变得自卑而孤独。

由于性征的显露和性感的产生，青少年的"性意识"开始觉醒。意识到男女两性间的差别，并对异性产生好感或有吸引异性的欲望。这是青少年性心理的正常表现。

在青少年性意识觉醒的过程中，最容易使青少年躁动不安的是对性的神秘和好奇。性知识越是贫乏的人，这方面的表现越严重。他们不知道自己以及身边的人是怎样变成了一个男人或一个女人，男女之间的差别到底是什么，所以总想弄个明白。于是有时会在同性中比较外生殖器的大小（以男孩居多），喜欢窥视成人的外阴部以及裸体照片，尤其是对异性的生殖器官更感神秘，总想探究一下。农村的学生常常对家畜的发情、交配、产仔感兴趣。城里的学生则喜欢阅读有关描写男女性的书刊。平时谈话，爱以男女之间的事为话题，或者喜欢对异性同学的衣着举止、模样容貌进行评头品足。这些都是青少年性好奇的表现。对于这些表现，有些成年人不理解，常斥责为"低级下流"，或给扣上"小流氓"的帽子。致使一些青少年陷入痛苦与困惑之中。有时会造成儿童心灵上的创伤。

青少年的性好奇和在好奇心的驱使下某些行为表现，作为家长和教师不宜大惊小怪，更不要侮辱学生人格。但有过分表现就不属于正常现象。如有的学生对异性的好感达到恋物的程度，专门偷拿异性同学的胸衣、裤衩。有的蹲在异性厕所里，伺机偷看异性的阴部。在光天化日之下，抚摸和暴露自己的外生殖器官。类似这样的行为，已经属于性变态的表现，它与学生的性好奇实质是不一样的。为了帮助青少年度过这一不安与慌乱的特殊时期，应根据学生性生理发育的情况，选适当时机，对学生做正面的性知识介绍或个别指导。学校可以搞专题讲座，但不要搞男女分班，消除男女两性的神秘之感。同时还要进行性道德和法制观念教育。性知识教育可以淡化青少年学生对性的神秘和好奇心理。道德和法制教育可以使学生在性需要和性行为之间能够进行自我调节和控制，避免造成不良后果，一失足成千古恨。

多少年来，我们这个民族一直把性教育列为一个禁区。把性知识看成是不堪言语的龌龊的话题。致使人们无法从学校的大雅之堂和健康的读物中去获取有关性方面的知识。其实性知识同其他知识一样，都属于科学范畴。当人们获得这方面的知识以后，就会应用于实践，保持心理平衡。否则，越是禁锁越容易激发人们的好奇，越想探个究竟。尤其是性刚刚成熟的青少年学生，性的感受和性的冲动都很强烈，没有正确的引导，在不良的刺激诱惑下，容易误入歧途和走向犯罪。

有的学生有手淫现象，尤以男学生为多。这是一种不良行为。在还没有形成习惯之前，教育学生戒掉这个毛病。但偶而的手淫，对学生的身心发展不会有大的伤害。不要因此产生心理负担。老师和家长可以通过培养学生各种兴趣和爱好，组织开展丰富多彩的课外活动，转移学生的性兴奋中心。引导学生把旺盛的精力投入到学习文化科学知识和开发智力增强体质的有益的活动上去，促进学生身心健康。

男女学生的异性效应

某校高中二年级的学生，利用假日集体组织去郊外旅游观光并决定在外野餐。当吃中午饭的时候，为了方便，男女学生分席进餐。结果是男餐桌上，男学生狼吞虎咽，风卷残云，把食物一扫而光。而女餐桌上，女学生嘻笑吵闹，毫不客气，也把饭菜吃个精光。两个餐桌都是杯盘狼藉，"惨状目不忍睹"。后来他们又组织出去玩了一次，这次午餐是男女混席。结果同上次情况大不一样。这回是男女学生都斯文起来，男学生彬彬有礼，你谦我让，大有君子风度。女学生细嚼慢咽，温文尔雅，似大家闺秀一般。同是一伙学生，为什么两次吃饭，先后表现竟然大相径庭？有人说这是男女学生异性效应的结果。

有人做过调查，有 80％以上的学生直言不讳地承认，同异性同学在一起学习、工作、游戏，有一种难以言表的愉悦感。其实这种感受不但是学生，就是成年人，乃至中老年人，也有类似的体验，只是程度不同而已。

青少年学生，正值青春发育阶段。性生理的急剧变化必然会导致性心理的一系列微妙和复杂的变化。男女之间开始相互吸引，对性的体验比较敏感、丰富，因此人们习惯把人生的这一阶段称为思春期。在思春期中，男女学生对于同异性的友谊和交往常伴有一种美妙和幸福的体验。这是一种正常和健康的情感，是人类高于动物的一个特定标志。这种情感不仅能激励人们去追求幸福的爱情和美满的婚姻，而且还能成为青少年学生奋发向上积极进取的力量源泉。由于男女之间的相互吸引，彼此都想留给对方一个好的印象，所以它能使人产生具有意想不到的自我检点和自我教育的效果。男人为了获得女方的好感，常常会用社会上所公认的男子汉形象来塑造自己，心怀大度，举止潇洒，见义勇为，工作学习出类拔萃等。而女人则用女性的标准来要求自己，温和善良，美丽大方，办事认真细致等。这些心理和行为，开始可能是潜意识的，经过长久的训练和约束，就会变成习惯和信念，使个人的品行更加完美。

有的中学生，可能不大愿意听从家长和老师的意见，但如果利用异性效应，就有可能会乖乖地俯首听命。某校一男学生模仿社会青年留起了长发，学校几次要求他把头发剪短，他都不大理会，并且还替自己辩白："穿衣戴帽，各好一套，干嘛总盯着我的头发不放？我的头发既不妨碍别人学习，又不影响班级纪律，头发丝长点短点有什么了不起。"可是有一天班级的女同学说话了，说他头发长得难看，不像个学生的样子，活像不务正业游手好闲的人。在女同学的一顿"炮轰"之后，当天下午他就心甘情愿地把长发剪掉了。

学生参加劳动，如果只是同性学生在一起，那么对于脏活累活，同学之间就容易相互推托或攀比。如果是男女学生混合编组，那么男学生就能勇于站出来承担最繁重最艰苦的劳动任务，以证明自己是个顶天立地的男子汉。而女学生也不甘示弱，生怕被男生嘲笑为娇小姐。

男女学生的交往，不仅能充分调动青少年学生活动的积极性，而且还有利于男女学生之间互相取长补短。我们承认男女学生无论是生理还是心理存在着两性差异。一般说来，男学生精力充沛，意志力比较坚强，不怕困难，喜欢冒险，心胸比较开阔，不斤斤计较，办事果断，胆大勇为。但做事毛糙，粗手粗脚，马虎大意。女学生感情细腻，丰富内向，表现含蓄，办事认真谨慎，观察细微，反应灵敏，有耐心。但爱计较小事，做事优柔寡断。男女学生各自的长处和短处，如能在交往中相互影响，那么彼此就会扬长避短，相得益彰。

男女学生的交往，还有助于打破青少年学生对异性的好奇心和神秘感。实践证明，青少年生活在封闭或男女交往受到严格限制的环境里，往往能从心理上增强其对异性的向往，但是当真同异性交往时，反而会变得紧张、惶恐、不知所措，乃至失去常态，甚至还会表现过敏，自作多情，做出错误判断，陷入单相思的泥潭。经常性的男女交往，能帮助学生端正对异性交往的态度，把握自己在异性面前的行为分寸，不拘谨不随便，自然洒脱，维护集体的团结，融洽同学间的关系。

有经验的家长和教师，不会限制男女学生之间的交往，并且还会创造条件加强两性学生之间的联系，充分利用异性效应，管理好班级集体，让学生在自我检点自我教育过程中，学会管理自己。但是由于青少年学生社会生活经验缺乏，对于如何在异性间进行正确交往的问题知之甚少，所以家长和教师必须对此加以指导。教育学生在同异性交往时，要遵守社会道德行为规范，做到尊重对方尊重自己，不许有轻浮和挑逗的言行。作为青少年学生要学会用理智控制自己，不能因一时的感情冲动而发生不礼貌的行为或干出傻事来。同时也要学会保护自己，不论是在校内或是校外，特别是女学生，在同社会青年交往时，一定要多加小心，增加自身的抵御能力，以免上当受骗。

不允许男女学生的正常交往是错误的，而对男女学生的交往不加过问、放任自流，同样也是错误的。青少年学生正值人生的转折点，教师和家长的导向很重要。异性效应，可以焕发学生的热情和力量，提高青少年学生学习和活动效率。但在特殊的情况下，为了在异性面前逞威风，炫耀自己，有的青少年能干出打架斗殴，甚至是杀人的勾当来。对此不能不加以防范并做好教育和引导工作。

中学生的爱恋

　　青少年学生，随着生理上的性成熟，心理上萌发了性意识，而性意识的发展可以引向恋爱和婚姻。所以在中学校园里，尽管有明文的校纪校规限制，可中学生谈恋爱的现象却从来没有杜绝过。近年来由于各种原因，中学生谈恋爱的现象似乎有扩大的趋向。因此就这一问题，已引起很多成年人的关注。不过，实际情况并不像人们想象的那么严重，除个别地区、个别学校和个别班级，因学风不正，很多学生参与了谈恋爱的活动外，一般说来，谈恋爱的中学生还是少数，尤其是初中，只是个别现象。因为恋爱问题，不仅是性意识发挥作用，还要受人的年龄、角色、社会习俗以及其他社会方面的因素制约。在有早婚现象的落后地区，就无所谓什么早恋的问题。

　　据美国心理学家赫洛克认为：人从性意识的萌发到爱情的产生和发展需要经过一个过程，这个过程可分成四个阶段。第一阶段是青春初期的疏远异性的否定倾向期。这一时期大约在小学高年级时出现。此时的男女学生对两性的差异已有初步认识，对两性的接触非常敏感，所以彼此都尽力回避，哪怕是从小一起长大的青梅竹马两小无猜的朋友，也不像原来那样随便见面玩耍。把男女恋爱的事看成是肮脏和不光彩的，生怕自己与此事沾上边儿。所以讨厌和异性接近，女孩子这方面的表现尤为明显，对男孩子几乎不屑一顾，以表示自己的清高。男女学生一起活动很难合作，往往是相互指责公开对抗，极力贬低对方。但是这种否定倾向的背后，仍掩饰不住对异性的特殊兴趣。双方都很好奇，总想探知对方的秘密。男学生有时特意借故挑逗女孩子，而女孩则寻机以"报复"的方式惹男孩子注意。第二阶段是向往年长异性的"牛犊恋"时期。在这一时期，男女少年像牛犊恋母那样，对年长的异性表现好感或产生依恋之情。特别是在少年人眼里有令人羡慕和钦佩之处的年长异性，尤使少男少女为之倾倒，很想接近并讨这样的人的喜欢，心里想入非非，自作多情。但这种倾慕和恋情，都藏在少年人的心里，没有实际表现，连年长异性自己也毫无所知。这种感受有的少年人自己能体察出来，忍不住在不易发现的地方偷偷观察被倾慕者的言行举止，有的只在头脑闪过几个模糊的念头也就过去了。处于这一阶段上的少年，如果有外部的诱因，容易上当受骗，特别是女孩。社会上某些品行不端的成年伪君子，善于玩弄手腕，施点小恩小惠，骗取纯情少女的感情。中学生应在这方面多加注意和防范。第三阶段是青春中期的积极接近异性的狂热期。青少年到了 17 岁～18 岁的时候，相当于高中末期，男女青少年有同异性密切接触的愿望，喜欢欣赏异性的风姿特点，觉得异性可爱，并且也希望自己能被异性所注意。为了讨异性喜欢还会大献殷勤，有时异性之间能出现一见钟情的事。第四阶段是青春后期的正式浪漫恋爱期。这一时期发生在中学阶段以后，青少年进入成年，对异性的向往已有特定的指向对象，如果彼此相爱，就进入了婚前的一段具有浓厚浪漫色彩的恋爱阶段。情人眼里出西施，此时彼此都把对方看得完美无缺，哪怕是毛病缺点也觉得可亲可爱。甚至能达到偶象化的程度，堕入热恋之中。

赫洛克划分的这四个阶段，比较符合青少年性心理发展的规律，而且我国青少年学生大体上也是这样表现，所以他的理论具有普遍意义。

近年来，有关中学生早恋的问题，在一些人看来已成中学校园里一大严重问题。这种问题可能分布的情况不一样。据我 1989 年在城市普通中学调查的情况来看，与赫洛克所说的那种过程基本一致。绝大多数的初中学生还没有把恋爱纳入到自己的意识中来，他们不愿意也无从谈论这样的话题。高中学生虽然对此能说个三言五语，但都觉得这是成年以后的事。对于校园中存在的恋爱现象，他们认为那是个别学生的表现，很大程度是胡闹。

随着时代的变迁，人的思想观念也在更新变化，这种变化必然反映到人在社会领域内的行为方式上。当代的青少年学生，头脑里很少有封建传统的影响，他们同异性的交往要比他们的前辈在相同年龄阶段时的表现开放得多。现在不论是小学还是中学，男女学生"授受不亲"和"界限分明"的现象，在经济文化比较发达地区的学校里，几乎不见踪影了，这是进步的表现。有人对青少年男女学生在一起游戏、嘻笑吵闹和结伴而行现象看不顺眼，经常发出"今不如昔，世风日下"的叹息。反之，青少年学生也讨厌说这些话的人，称他们为"老古董""装在套子里"的人。就是在那些被看做是谈恋爱的学生中，按其行为表现来说，用"谈恋爱"一词似乎也有一些不妥。因为"恋爱"表现为男女双方都有明显的求偶意识，恋爱对象明确指向一人，并把此人看成是未来理想的爱人，同时还要与婚姻和家庭联系起来。可这些中学生的所谓恋爱，这些方面特征都无从谈起，而且中学生的所谓恋爱方式，无非是写个条子，单独约会在一起看个电影，说几句话而已。实际这些行为只是思春期异性相互吸引的表现，是性意识觉醒过程中一种朦胧和盲目的举动，并且还有朝秦暮楚的特点，今天同这个人好，明天同那个人好，甚至同时与几个异性同学要好。就连他们自己也不知道这到底是一种什么感情。因此他们对"中学生谈恋爱"之说很反感。目前国内心理学界有人提出把中学生的这种特殊表现称做男女生的"爱恋"，把它与恋爱区分开来，这比较容易被中学生所接受，便于做引导工作。

当然，在中学生中真谈恋爱的也确实存在。这种现象不只是现在有，过去就一直有，只是过去的人不声张，将来这现象还会有。因此在中学校园里，这真真假假的恋爱，弄得人们眼花缭乱。这就要求家长和老师在对待和处理这类问题时，一定要谨慎，要摸清情况，千万不能主观臆断，捕风捉影。但也不能放手不管听其自然，因为青少年很不善于把握自己的感情，在异性交往中缺乏经验。给他们一些知识，教给他们有关行为的规范，允许男女学生之间的正常交往，打破对异性的神秘感，帮助学生确立远大的奋斗目标，这是避免学生早恋的有效措施。同时要注意控制舆论，有时少男少女彼此交往原来没有恋爱动机，可经周围的人七嘴八舌一说，反倒起了提醒作用，弄假成真。

对于少数真正谈恋爱的学生，这类学生大多属于高中生，也不要大惊小怪，棒打鸳鸯。个别情况总会有的，要做好耐心细致的思想工作。青少年一旦堕入情网就很难自拔，光靠批评处罚和男女隔离的办法不能解决感情上的问题，弄不好还会出事故闹乱子的，要心平气和地讲明中学生的主要任务、早恋的危害、人生的意义。还可告诉学生无论是过去还是现在，中学生谈恋爱的成功率始终是低的，长大后回顾起来只觉得是一场儿戏，但浪费的光阴无法追回。只有早恋的学生自我唤醒成才和奋斗的意识，才能不被爱箭中伤。

青少年的从众心理

美国社会心理学家 S. 阿瑟做过这样一个实验：他把 7 个学生划为一组，每人发给两张卡片，左右手各执一张。左手的卡片上有一条线段，右手的卡片上有三条线段，其中有一条线段同左手卡片上的线段长度相等，其余的两条线段都与这条线段的长度相差很大。他要求学生拿到卡片以后确定一下右手卡片上的哪一条线段与左手卡片上的线段相等。当每个学生单独完成这项任务时，都能正确做出回答。然后他改用"冒充团体"的方法，即把参加实验的学生除一人外，都做好事先安排，约定他们在实验的时候先按顺序回答，在确定两张卡片哪两条线段相等的问题上，故意把右手卡片上较长或较短的线段说成是与左手卡片上的线段相等。这里被排除的那一名学生是真正的被试者，也是不明真相者。阿瑟的这个实验，目的在于揭示团体对于个人意见的压力。实验的结果，在 123 名不明真相的被试学生中，有 37% 的比例随着前面几名学生的回答做出了错误的回答。阿瑟把这种现象叫作个性的从众反应。

苏联的社会心理学家也做过类似的实验，结果有 30% 的人做出从众反应。我国很多心理学工作者曾在成人学员和大、中学校的学生中，做过这方面的实验，发现也同样具有明显的从众现象。

从众，是指个人受团体有形无形的压力，放弃自己的意见和主张，而在言论和行为上采取与大多数人保持一致的现象。这种现象，在社会生活中普遍存在。各领域、各阶层、各年龄段的人，几乎都有不同程度的从众心理。青少年学生在这方面的表现，尤为明显一些。

学生的从众行为，从表现形式来看很简单，说话办事随大流，同多数人保持一致就是了。但从众行为的背后，却有复杂的心理因素。有的学生是不由自主地从众，有的学生则是违心地从众。那么到底有哪些原因容易引起学生的从众行为呢？

一、迫于群体的压力，这是中学生产生从众行为的主要环境因素

青少年学生已步入社会，比较注重人际交往，特别重视同龄人的意见。因此，在他们生活的群体中，赞同某一种观点或采取某一行动的人越多，越容易形成一种压力，也就越容易使学生从众。

中学生的群体有两类。一类是正式群体，如学校、班级、小组等。另一类是非正式群体，由学生自发或自愿组合而成。它可能是跨学校、跨年级、跨班级的一种群体组合。

在正式群体中，越是有吸引力和凝聚力、舆论比较一致的群体，个别学生因担心自己的意见与众不同而偏离群体，所以很容易从众。不过，在有的群体里，由于领导和老师一贯喜欢顺从的学生，对一些爱提意见或持不同意见的学生进行严厉批评和惩罚，这种情况也容易造成学生口是心非地从众。

非正式群体，虽说结构不稳，但群体内人与人之间情趣相投，能满足青少年社会交往的需要，产生归属和安全之感。非正式群体内，也有一定的纪律约束和行为规范，为了同这一群体保持密切联系，内部成员很乐意从众。不过有些非正式群体，很容易摆脱教育的控制和成人的领导，特别是那些属于消极型和破坏型的群体，只要其头头敢于违纪犯法，其成员也会随同一起干坏事。这也是青少年最初的犯罪为什么常常结伙的原因。几个人在一起，胆子就大，不怕受到惩罚，胆小的或犹豫

不决的就会随从。

二、来自经验和情境方面的压力

青少年学生限于知识和经验的不足，在面对复杂的人际关系和各种社会现象时，往往因为缺乏客观的评判标准分不清是非而产生判断上的模糊，确信多数人的意见一定正确而顺从。有时，由于情境的原因，有些学生明知不对，却也跟着干。如有的学校教学纪律松散，学生任意迟到早退。其实在这些迟到早退的学生中，就有一部分学生是因为从众才这样做的。近年来社会上出现几起坏人在光天化日之下行凶扒窃，围观群众达几百人却无一人上前制止的现象。虽然这其中有很复杂的原因，但情境因素不能不是一个原因。"既然大家都不动，我为什么带头冒险？"此时的从众心理使几十人几百人失去了擒拿罪犯的战斗力。

三、个性特征方面的原因，这是中学生产生从众行为的很重要的内在因素

一般说来，自尊心很强，但智力水平比较低，学习成绩不大好的学生容易从众。因为他们害怕自己的观点亮出来以后被看成是错误的而受到嘲笑。缺乏自信，过于自卑的学生也容易从众，他们宁可相信别人也不相信自己。

在人际交往中，过分听从和依赖权威者的意见，或者比较注重老师和同学对自己评价的学生，容易从众。他们对周围的事物往往有自己的看法，甚至相信这看法正确，但为了与权威或多数人的意见一致，不标新立异惹事生非，就放弃了自己的观点而顺从别人。还有遇事缺乏主见，情绪不大稳定的学生，也容易从众。

不论出于什么原因，从众现象都是个人对社会生活的一种顺应和适应。中学生从众行为相对说来多一些，这正反映出青少年学生在刚刚踏入社会生活希望被社会所接纳的愿望要求，所以从穿衣戴帽到言谈举

止，乃至到思想观点，都有明显的从众特点。

从众现象本身无好坏之分。众人的思想行为有益于社会进步，从之有益。众人的思想行为不利于社会的安定和进步，从之有害。因此家长和老师应针对青少年学生容易从众的特点做好引导和教育工作。培养学生独立思考、敢于坚持真理、不盲从的个性品质，不能压制和打击持有不同意见的学生。鼓励学生大胆发表自己的见解，在讨论辩论中明辨是非。同时还要给学生创造良好的生活环境，建立健全学校和班级良好的教学秩序，形成与社会要求相一致的舆论优势，充分发挥集体教育的作用。对学生所参加的非正式群体，不闻不问和乱加批评指责是不对的，要关心这些群体的状况，对其自发形成的良好舆论和风气，要给以肯定和鼓励，对某些不良舆论或规范，要通过说理的方式，帮助他们转化到健康的方向上来。

教育的目的不是要消除学生的从众心理和从众行为，而是要教育学生择善而从，不能误从。

中学男生为什么学抽烟

下课了，几名男同学心领神会地一起去到一个避人处，拿出香烟，一人一支地抽起来。有时烟主烟少，就大家抽一支，你吸几口，他吸几口。然后赶忙跑回教室上课、自习、写作业，就像什么事也没发生一样。同座或邻座的同学，有时能嗅出烟味来，不过只此而已，谁也不会对此类事件大惊小怪。这就是在中学校园里经常发生的现象。

离开学校，没有老师和同学的监督，抽烟的学生胆子大了起来，三五成群地凑在一起，或走在马路上，或停歇在某个角落里，嘴上叼着香烟，烟雾缭绕，大有开斋过瘾之快意。过往行人一看他们那稚气的嫩模样，便知道一定是中学生，而且还都是男学生。

从这些男学生抽烟的场所不难看出，在学校和在家庭里，老师和家长是禁止他们抽烟的，所以他们才跑到老师和家长看不见的地方，抽烟或者是学抽烟。

抽烟有害，这道理人人皆知。很多成人嗜烟者正在想方设法地要戒烟，可不少的中学生却正在偷偷地学抽烟。是什么原因使这些学生要学抽烟呢？

据了解，下列几种情况对中学生学抽烟具有很大的诱惑力。

一、好奇

好奇心几乎人皆有之。但青少年学生的好奇心尤其明显。特别是对于社会生活和成人世界里的各种事物与现象，他们感到新鲜和未知的东西太多了。尽管舆论界和宣传机构大力宣讲抽烟有害的道理，但抽烟的人数却始终不减，好烟名烟虽然价格见涨，而抛金买烟者却不乏其人。这抽烟到底有什么奥妙？在好奇心的驱使下，他们认为不妨尝试一下。

二、模仿

抽烟历来被看做是成人的事，而且某些男人还以能抽烟和抽辣烟作为男子汉气概的表现，把那些不能抽烟的男人看成是没有男人味的小生。受此观念影响，处于半成熟半幼稚的中学男生，为了证明自己已经长大，并且还是一个堂堂的男子汉，于是就学着大人的样子，抽起烟来。另外，在有影响的影视节目中，很多重要角色都口衔香烟，似乎这样更能展现出明星演员的迷人风采。喜欢风流倜傥的青少年学生，往往会盲目崇拜模仿。

三、解闷消遣

在抽烟的学生中，相对说来，重点中学的学生人数比例要少些，而在普通中学、职业中学、中等技术学校里，男学生抽烟现象很普遍。其实这些学生抽烟并不一定觉得抽烟是一种享受，有的甚至感到难受。但由于寂寞无聊，无事可做，恰巧大家凑在一起，有一人带头，众人便迎合响应。把抽烟当成一种游戏，吞云吐雾，打着烟圈，以此来消磨时间，觉得开心解烦。这类学生往往在学业上不思进取，个人志向水平不同。

四、环境的影响

人的吸烟现象不是生来就有，它是个人在一定的生活环境中受吸烟者的影响而逐渐染上的一种习惯。有人相信烟能提神醒脑，改善心情，有消除疲劳的作用；有人把吸烟当成一种享受，说什么"饭后一支烟，赛过活神仙"。这些观点对中学生尝试抽烟具有很大的推波助澜的作用。另外从社会生活的大环境来看，抽烟不单单是个人的一种嗜好，还是社会生活人际交往的桥梁和手段。待人接物，请客送礼，烟酒为先。其中尤以烟为最方便。两人一见面，递上一支烟，既是友好的表示，又可打破尴尬局面。关系紧张了，只要彼此能抽一支烟，就意味着化解前嫌。烟有如此大的神通和作用，作为中学阶段的学生，想到日后自己也要介入社会生活，不抽烟岂不少了一项本领？与其到时候现学，不如现在就开始，早抽晚抽，早晚也得抽。

五、抽烟的害处不明显

广泛的戒烟宣传，把烟的危害说得令人悚然。什么"一滴尼古丁能毒死一匹马"啦，"抽烟能得肺癌"啦，等等。但在现实中，吸烟并没有迅速给人带来如此严重的恶果。所以青少年学生对吸烟危害的恐惧，抵不住尝试吸烟的诱惑。

由于这种种原因，中学生吸烟的现象有增无减。各中学领导和老师虽然都在千方百计想要控制这一现象的蔓延，但收效不大。对于这类问题，靠抓靠堵不是好办法，它不能从根本上解决问题。还是应该从学生的思想认识入手。只有让学生真正认识到吸烟的危害，学生才能自觉地产生戒烟和拒烟的行动。

吸烟对人体的健康确实有害，这已是被科学所证明了的真理。但烟对人体健康的损伤是有一个过程的。随着吸烟历史的加长，人体吸烟量的增多，有关肺病、癌症、冠心病等疾病，吸烟者的发病率要比不吸烟者高出几倍，据有的心理学家对青少年学生进行实验发现，吸烟学生的智力效能要比不吸烟者低。在学习同一材料的时候，吸烟者的学习效率低于不吸烟的人，而且每天吸烟的支数越多，学习效率降低越明显。由此看来，那种认为吸烟能提神、增强记忆、开心窍的说法，是毫无科学根据的。

列宁17岁的时候，在同学的影响下也学会了吸烟。他母亲曾多次劝他戒烟，每次他都微笑着对母亲说："不要紧，我还很健康，这对我来说害处不大。"后来有一次他母亲说："你父亲去世后……每一个多余的花费都影响到家庭的用项。你吸烟虽然花钱不多，如果不吸，那对家庭总是好得多。"母亲的话打动了列宁的心，他惭愧地说："对不起，妈妈，关于这一点我还没想到呢。好吧，我今天就不吸了。"说完，他当即从口袋里把香烟取出，放到桌子上，从此不再吸烟。

　　对吸烟危害的认识和戒烟的意志，是吸烟的学生彻底戒烟的
关键。

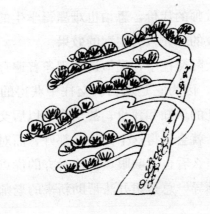

第一印象与先入为主

一位新来的老师，当他第一次登上讲台的时候，学生往往是用审视的目光来看他的，尤其是中学生，这种表现更为明显。如果这位老师的课讲得成功，学生满意，那么可以预言：这位老师在以后的教学活动中，学生对他不会有太多的挑剔，除非有特殊的情况发生。反之，如果这位老师的第一堂课讲得不好，多数学生不赞赏，不满意，那么他将来即使用几倍于成功教师的代价，恐怕也难赢得学生的好评。这就是由第一印象而给学生造成的"先入为主"的效果。

在日常生活和人际交往中，类似这种现象普遍存在。有人把这种现象叫做"晕轮效应"，因为它是从初次交往中获得的大体的印象而影响了对一个人具体特征的认知和评价，甚至作为以后交往的依据。对于最初获得好印象的人，就会觉得这个人什么都好，而对于最初留给自己印象不佳的人，似乎怎么看也不顺眼，就连对方的优点也都被忽略了。因此，有经验的学校领导，总是想办法帮助新来的老师上好第一堂课，当好第一任班主任。

学生对教师第一印象的形成，不只是来源于教师的直接"亮相"，有时在师生还没有见面之前，通过文字介绍、道听途说等间接渠道，同样可以获得第一印象，产生先入为主的效应。有人做过这样一个实验：当一位新来的老师还没有给学生正式上课以前，实验者向一部分学生透露"这位老师特别厉害"的消息，而向另一部分学生介绍说"这位老师特别和气"。等到这位老师上完课以后，实验者要求听课的学生对这位老师的性格做出评价。结果是曾先听说"厉害"的学生多数认为这位老师很严厉，而先听说"和气"的学生则多数认为这位老师性格温和。

第一印象，因为是初闻乍见，所以人的外部特征至关重要。仪表端庄、服饰得体、开场白出语不凡，能写一手好字的老师，往往给学生的第一印象是精明、强干、有学问、负责任等好印象。还有老师的第一次作业批改，第一次班会，第一次家访以及处理课堂上第一次出现的偶发事件，这很多很多的第一次，都会引起学生密切地注视和严格地判断。有时为了试探老师的底细和水平，故意给老师出些难题，观察老师的态度和反应。如果老师沉着老练，办事有方，机智过人，那么就会唤起学生对老师的亲近和敬佩之情，愿意接受老师的教育。而且还会对老师所讲的课程表现出浓厚的兴趣。可是如果老师在那诸多的第一次自我表现的过程中，因为各种原因说话语无伦次，精神不振，性情急躁爱激动，办事拖沓，缺乏果断与主见，那么就容易给学生形成无能、浅薄、矫揉造作等不良的第一印象。受此印象影响，学生无法产生对老师的尊重和信赖之情，甚至还要怀疑老师所讲的课程内容是否正确。可见，老师的第一次表现，留给学生的第一印象，具有多么深远的影响。

同理，学生留给老师的第一印象也很重要。学生的衣着整洁，作业书写工整，第一次回答问题言语流畅，同老师见面时的礼貌行为等，会给老师留下良好的第一印象。反之，则会印象不佳。这好与坏的印象，不仅会影响到老师对学生的态度和期望，而且还会反映到老师对待学生的行为方式上，从而影响学生的学习情绪和学习效果。

事实就是这样，第一印象在人际交往和人际关系中具有不可忽视的作用。尽管人们从理智上讲完全明白凭第一印象论人会犯以偏概全的错误，但还是摆脱不掉第一印象的影响。乃至发生"爱屋及乌"和"厌恶和尚，恨及袈裟"的心理倾向。正因为如此，所以很多人都比较注重并设法留给他人良好的第一印象。"新官上任三把火"、新来乍到的"前三脚",说明人们都愿以良好的开端打开局面,并为此做出努力。

不过,第一印象形成以后并不是固定不变的。随着交往的增多,彼此的了解越来越深入全面,如果最初留给人的印象同后来的实际不相符合,那么人们就会修正或改变原始印象。良好的第一印象一旦丧失,个人威信就会降低。要想重新恢复起来,难度很大,必须付出艰苦的代价,经得起长期的考验。所以只想给人留下良好的第一印象是很不够的,应该由始至终保持好的形象。这就需要加强自身修养,严格要求自己,言行一致,持之以恒刻苦努力。常言说"路遥知马力,日久见人心",人的外在美只有同内在美达到和谐统一,才具有永恒的魅力。

爱照镜子的少男少女

　　不知孩子的家长和老师是否留心过，在进入中学以后的男女学生中，有相当一部分人的衣袋里装着一面小镜子。这些学生不论是在学校课间休息的 10 分钟里，还是行走在马路上，哪怕就是在厕所里，总会时不时地掏出小镜子照照自己。有时甚至在课堂学习时，个别学生也不会忘记偷偷地把小镜子拿出来照一照。不仅如此，回到家里对着自家的那面穿衣镜，更是照起来没完没了。从头上到脚下，从脸蛋儿到脑勺儿，衣服裤子，前胸后背，头发刘海儿，逐一不漏，浑身上下看得仔细。如果没有家长干预，或者身边没有旁人，那么他们可以把几个钟头的时间花费在镜子前面，而且不会觉得腻烦。有些家长对此非常反感，每遇这种情况就很不耐烦地呵叱孩子："别臭美了，有什么好照的!"结果弄得孩子很扫兴。

　　其实，爱照镜子正是这个年龄阶段的青少年心理发展的一个特征。据资料介绍，世界上各个国家各个民族，这个年龄阶段的青少年都有爱照镜子的表现。看来这是人在成长过程中的一种共性特点。

　　为什么人在青少年时期喜欢照镜子？研究和了解这方面的原因，有助于我们对青少年这方面行为的理解以及做好正确的引导。处于青少年时期的孩子，由于生理发育趋于成熟，身高、体重、体型都出现了明显地变化，特别是性征的出现。导致他们的心理也发生了急剧地变化。其中表现突出的就是自我意识的形成。因此，他们开始把注意力指向自己，并且首先指向自己的身体，尤其注重自己的外貌特征。在他们看来，外貌是构成一个人的最重要成分，所以他们常常以貌取人。平时在人际交往时，只要认为对方漂亮，就很容易产生好感。观看影视节目，也特别关注演员的长相。如果不够漂亮，就会大失所望。如果漂亮就会为之倾倒，不管正面角色还是反面角色。香港电视剧《上海滩》中的许文强之所以受到广大青少年的青睐，很大程度是因为演员的仪表风度恰好符合青少年形象美的要求。正因为有这种心理，所以很多青少年学生都希望自己有一副漂亮的面孔能招人喜爱，并为此不惜付出任何代价。他们很注意别人对自己外貌的评价，特别高兴听人说自己长得俊俏。凡认为自己长相漂亮的青少年，不仅为此感到骄傲，而且还非常愿意在别人面前表现自己。倘在人后，则对着镜子自我欣赏，百看不厌，陶醉不已。容易形成自尊和自信心理。反之，如果长相不美或身体局部有某种缺陷，如体型过胖，个头矮小，脸上有雀斑痤疮等，那么就会因此而苦恼、焦虑、自卑，甚至产生悲观情绪，似乎外貌不扬能导致人生毁灭一样，对未来都失去了憧憬和希望。

这些现象反映出外貌特征对青少年的心理发展所具有的重要影响。难怪他们在镜子前面反复端详自己。为了增强外貌美的效果，他们开始注重衣着和打扮，喜欢使用化妆品。为了展现形体仪表的风采，或者为了遮掩修饰身体某些方面的不足，他们对服装的色彩和款式很爱挑剔，稍不如意便会心神不宁烦躁不安。但由于这个时期的孩子还没有形成独自的审美标准，所以他们往往以同龄人的认可和赞赏为最大满足。

另外，由于青少年的性器官和性机能的成熟，男女学生都有比较明显的性别特征，这种生理上的变化，引起学生性意识的觉醒，他们不仅关心自我，而且对异性也表现出特殊的兴趣，并想吸引异性对自己的注意。为了讨得异性的欢心，他们也需要在打扮和修饰自己方面下些工夫。这些都说明青少年正在逐渐走向独立，他们希望通过自己的表现确立自我存在的价值。

但由于青少年的心理毕竟还没有完全成熟，所以他们过分追求的都是表面上的东西，就像站在镜子前面观赏自己的影像一样，只注重外在的形式而忽略了内在的本质内容，对于做人的真正内涵还缺乏深刻的理解。因此作为家长和教师，对于青少年学生的诸如此类的表现，既不能等闲视之放任不管，空耗青少年的大好时光，也不能讽刺挖苦强行制止，使其产生逆反心理或步入歧途。在尊重和理解的基础上，要不失时机地引导他们把宝贵的时间和精力用在有意义的活动上，并且注意自己不以人的相貌论短长，避免给青少年学生造成不良影响。对于生理上有缺陷的学生，要多加关心和照顾，鼓励他们在学业上进取，帮助他们发挥其他方面的长处，以补某些方面的不足，避免这类学生在这一年龄段上因生理缺陷而造成心灵创伤。

随着年龄的增长，到了青年期，或从高中末期开始，他们不再把人的外貌特征看得那么重要了。大多数学生不会再在镜子面前浪费那么多时间了，也不会光凭衣着打扮就对一个人做出推测和判断。他们开始认识到人的外貌与仪表的美丑是同人的内在心灵的美丑联结在一起的。一个人的灵魂丑恶，即使外貌再美，同样令人讨厌和憎恶。因此他们更注重个人知识经验的积累和道德品质的修养，并力图通过艰苦的努力，发挥自己的智慧和潜能，获取事业上的成功。

中学生为何知情不举

中学生与小学生在学校和班级生活中，各有不同的特征表现。小学生非常爱告状，班级里不管发生什么大事小情，都能马上反映到老师那里去。谁上课说话了，谁排队来晚了，谁往地上扔碎纸了……小学老师要想了解某个学生的情况，不愁没有情报来源，越是低年级的学生，这种表现越明显。可是上了中学，这现象则日趋减少，越是到了高年级，越是少见。

某中学高二（1）班，在自习课上有一名同学打了一声口哨，被老师听见。老师以为学生故意违反课堂纪律，便走进教室查问。由于吹口哨的同学没能主动站起来承认错误，老师就动员全班同学揭发检举。结果尽管整个自习课被此事占用，学生不能按时完成作业，可却没有一个学生主动举报。老师无奈，私下找两位干部同学进行询问，同样一无所知。后来据这班学生在课外场所议论，他们完全知晓吹口哨的事是谁干的，只是不想说而已。

为什么知道的情况且又在老师查办的条件下，学生不如实地说明事情的真相呢？要想知道这其中的原因，就需要我们去研究和了解中学生心理活动的特点和规律。这样我们就不会对一些现象感到迷惑了。

中学生，正值青少年时代。而青少年时期正是人由幼稚走向成熟，由依赖走向独立的一个过渡时期。就在这半幼稚半成熟的特殊人生阶段，青少年会有很多与本阶段相应的心理和行为上的年龄特征表现出来。一方面，随着自己的长大，他们不愿意自己再被别人看成是不懂事的孩子。因而他们尽量减少对家长和老师以及其他长者的依赖。并且从他们活动的范围和内容来看，他们已经独立地闯入另一个生活的天地，整天在学校里，与同龄人一起生活的时间要比与成年人一起生活的时间长得多，教师和家长对他们只有指导作用。所以他们特别注重与同龄人的交往，而且也愿意和高兴生活在同龄人之中。如果让他们单独同父母同老师生活在一起，那么他们就会感到很难受，很拘束，很不自在。可是回到同龄人中，就会有欢声笑语。他们有共同的兴趣和爱好，有共同关心的话题，彼此间说得来。从中学生主要的生活内容来看，大多源于他们所生活的那个学校和班级集体。个人活动的成功与失败，自我表现的价值，都以班级全体同学认可的程度为转移。因此他们特别看重同龄人对自己的评价，为了搞好自己与同学之间的关系，为了使自己在班级群体中享有一定的威望，他们尽力按同龄人的准则办事，维护同龄人的利益，他们不愿自己被同龄人指责为是靠打小报告而得到老师奖赏的那种人。所以有的时候，他们宁可违背家长和老师的意见，甚至忍受家长和老师的批评处罚，也不愿伤害同学的友谊和感情。

另一方面，由于青少年学生智力的发展，思维的独立性和批判性明显增强。他们对事物的看法不再是盲目地顺从老师和家长的意见，不再把成人的观点当成"律条"。而是喜欢独立思考，独立做出判断。在对人的行为善恶、是非曲直做出道德评价的时候，他们不再像小学生那样，只注重行为的结果，而是转向于对行为动机和行为外部原因的分析。就拿对待吹口哨这一事件为例，在小学生看来，这是严重的违纪行为，只有坏学生才能这样做，所以无论如何也要报告给老师，让吹口哨的学生受到批评或处罚。可中学生不再这样简单地处理问题。他们不举报的原因，很大程度是因为他们认为吹口哨的同学不是有意破坏课堂纪律，而是在无意中由于疏忽而发生的一种习惯性行为。事后这学生已经感到难过和懊悔。因此，同龄的伙伴都能给他以原谅，不希望老师把他抓出来小题大做。另外，中学生对一个人的看法，已经逐渐由片面转为全面，由表面深入到本质。低年级的学生，往往根据一个人的一时一事或行为中的某一点，就能对一个人的道德品质做出全面肯定或否定的结论。就像小学生那样，抓住一点，不及其余。而高年级的学生，评价的范围则要广泛深刻得多。他们在观察和评价一个人的行为时，能分辨出哪些行为是重要的涉及个人思想品质的，哪些行为是无关紧要或偶然发生的。因而对于中学生的"知情不举"，不能一律看做是包庇坏人坏事。在与同龄人的长期相处中，他们往往比老师更能了解自己同学的品行和特点。现实中常有这种现象，如果老师对某一学生的看法同班级多数学生的看法有出入，那么在老师看来是好学生的话，这个好学生不会有良好的群众基础，发挥不了其榜样作用。如果在老师看来是坏学生的话，那么老师对该生的批评和处罚，只能引起多数学生对该生的同情。这样就会严重削弱教师的作用和教育的效果。

根据中学生心理和行为发展变化的特点，教师必须采用相应灵活的教育方法，才能收到好的效果。用管理小学生的办法管理中学生，或用管理中学生的办法去管理小学生，都是注定要失败的。

中学生，由于缺乏经验，思想不成熟，仍不失幼稚的特点。虽然好自作主张，但有时是非观念不强，喜欢交朋友，又不完全理解友谊的真正含义。常把轻率当果断，视顽固为坚强，把蛮干冒险看成是英雄行为。这些都需要家长和老师多给以正确引导。

青少年的情绪饥饿

美国的心理学家哈洛通过对婴猴与生活环境的关系的研究发现，在实验室中孤独长大的恒河猴与大自然野生长大的恒河猴有很大差别。实验室里的猴子经常是两眼发直，呆呆地坐着，碰到生人靠前也不会像野猴那样，发出恐吓或攻击的行为。相反，却是自己打自己，撕咬自己，甚至把自己弄伤。在"人造母猴"的实验中，把被强迫与母猴隔离的几只婴猴分成两组，分别给予两种不同的假母亲，在假母猴身上都装有奶瓶和奶头。但其中一个假母猴是用铁丝做成的，摸起来是又硬又凉。另一个假母猴是用绒布做的，摸起来又暖又软。实验结果发现，拥有绒布做的假母亲的小猴，对其假母有亲近之感，经常爬到假母身上玩耍。睡觉时喜欢睡在假母身边。当受到外来刺激，安全受到威胁时，婴猴总是躲在假母身边，以期求得假母庇护。而另一组拥有铁丝做的假母亲的小猴，只有在饥饿的时候，才去假母那里吃奶，其余时间都是远离假母。睡觉时宁可蜷缩到角落里也不靠近假母。并且表现胆小怕事，恐惧时都躲到门后。另外，通过实验还发现，一些从小由"人造母猴"带大的猴子，再返回猴群中去就很不适应，缺乏"社交"活动能力，表现出孤独冷漠，不合群。拒绝交配。有的母猴生育后不给自己的子猴哺乳，不允许小猴接近自己。有的甚至还要追打撕咬，虐待自己的骨肉。

还有人用苏格兰小狗做实验。把出生后不久的小狗强行隔离，剥夺母爱，放到黑暗处饲养。几个月后放出来同其他未被隔离的狗相比较，发现被隔离的狗适应能力很差，回到群体中没有"社交"的表示，但却明显地表现出孤独和恐惧，没有正常狗的竞争能力。

这些动物实验的结果，都充分表明，生活环境对个体发展的重要性，而且还充分证明，母爱是动物情感发展的源泉。

动物尚且如此，人当然也不例外，况且人又是世界上真正的有情之物。西方国家有些没有父母的孩子被孤儿院收养，在这里生活的孩子实际上等于被剥夺社交活动，没有亲人对他们表示关心和爱护。有的心理学家对他们进行了追踪研究。最后得出的结论是：这些儿童由于生活单调刻板，他们的智力和言语发展水平都低于同龄的正常儿童；在社会活动和人际交往中，他们的感情冷淡，或表现出感情的饥饿和狂热。他们特别需要别人的爱护和安慰。还有北美的孤儿院，那里收养出生后不久被抛弃的婴儿。孤儿院里对儿童生理上的照顾还是不错的，但缺乏爱的体贴。孩子长到3岁～4岁时，就与正常的同龄儿童大不一样，感情贫乏。躺在床上看见采访者无动于衷，吃饭睡觉都是躺着卧着。后来被一心理学家发现，对其中一组孩子改变了抚养方式，请了一位有丰富感情有疼爱之心的女保姆照顾，仅用半年工夫就比没被改变方式的儿童有很大进步，但比正常的儿童还差一些。

这些事例都说明这样一个道理，即一个儿童如果从小就生活在缺少温情和欢乐的环境里，或者被剥夺了愉快的情绪体验，那么他的情感发展就会受到阻碍。并且在情感发展过程中会产生一种特殊的情绪状态，心理学称之为情绪饥饿。

患有情绪饥饿的儿童，其个性特点可能有两种表现。一种是冷酷、残忍、顽固，缺少同情心；另一种是孤僻、怯懦、自卑。这两种特点都会成为儿童社会化的障碍，导致儿童社会适应不良。不仅如此，严重的还会走上犯罪道路。据国内外有关青少年犯罪的许多资料介绍，缺少母爱和温情的家庭里青少年犯罪率明显高于正常家庭青少年的犯罪率。他们常以损人为乐事，寻求精神刺激。有的因没有感情寄托，厌世轻生。

诱发青少年产生情绪饥饿的环境因素很多，从家庭条件来看，父母对子女的要求过于严苛，对孩子的言行过分地挑剔，经常训斥打骂，导致家庭气氛紧张，亲子之间关系恶化。还有父母感情不睦，夫妻吵嘴打架；或者是夫妻离婚，家庭破裂，殃及子女。也有的是父母性情暴躁，喜怒无常，不体谅子女的愿望和要求。或者是父母病丧，孩子寄养在别人家里，寄人篱下。不过也有父母健在，但从小却被放在亲戚家里照料的儿童，长大时回到父母身边很不习惯，亲子间产生一定的感情隔阂。类似这样的生活环境，青少年学生因在家庭中得不到温暖、理解和同情而容易产生情绪饥饿。

另外，学校环境也能成为儿童产生情绪饥饿的发源地。如学校和老师对学生要求过于严厉，批评处罚学生的次数太多，学生的作业量超重，致使学生不能按时完成或构成学生沉重的思想负担。或者是有的学生在同龄人中受到排斥打击、否定和冷待等。都有可能引发学生的情绪饥饿。

鉴于情绪饥饿对于儿童的心理发展以及行为表现所产生的不良影响，家长和老师应给予学生更多地关怀和爱护，为学生创造一个充满温暖与友爱的学习和生活环境，保证青少年身心健康发展。让学生在爱父母爱老师爱学校爱家乡的基础上，进一步发展升华，形成爱祖国爱人民的高尚情感。

皮格马利翁效应

传说皮格马利翁是希腊神话中塞浦路斯的国王，擅长雕刻。他用象牙精心雕刻了一尊美丽少女的塑像。由于他在雕刻过程中倾注了自己全部的心血和热情，乃至使他对少女雕像产生了深厚的爱慕之情。后来雕像少女被他的真情所感动，竟然活了起来，同国王结成百年之好，终生相伴。

美国心理学家罗森塔尔受此神话传说的启发，做了一个实验。他对小学一至五年级的学生进行了预测未来发展的智力测验。然后他列出一个占全班人数20％的学生名单交给任课老师。并且告诉老师：这些学生的智力水平比其他学生高，他们最有可能提高学习成绩，很有发展前途。其实，他所介绍的这些情况都是假的，这些名单上的学生根本不是按测验成绩挑选出来的，而是随便抽取出来的，其中还有受老师歧视的学生。

一个学期以后，罗森塔尔又对学生进行一次测验，发现被列在名单上的学生学习成绩普遍提高，尤其是低年级的学生提高的速度和幅度更大。

一年后，罗森塔尔对学生进行了第三次测验，被列在名单上的学生学习成绩继续提高，但低年级的学生没有明显提高的表现。原来过去任课的教师已经调走，新来的老师根本不知道这一情况。

罗森塔尔根据实验的结果认定，这些被随机抽取出来的学生，学习成绩之所以普遍得到提高，是教师期待所产生的效果。他把这种现象说成是"皮格马利翁效应"。后来也有人把它叫作"罗森塔尔效应"。

1982年，美籍华人物理学家钟致榕来南京大学参加建校八十周年纪念活动时，曾讲他自己学生时代的一段故事。他读中学的时候，由于社会风气腐败，学生上学也不用心学习。考试打小抄、递条子，营私舞弊，不思进取。后来有一位教师从300个学生中收取60名学生组建一个"荣誉班"，并告诉荣誉班的学生说是因为有发展前途才把他们选到这个班上来的。当然实际情况并不是这样，而是由老师抽签抓来的。但自从这个班成立以后，学生就同以前大不一样。全班学生人人都努力学习，严格要求自己，对学习有十足的信心。于是，奇迹真的出现了，这个班里的大多数学生果真成了有成就的人。钟致榕当年就是这个班的学生之一。显然，这是教师期待的力量和结果。

教师期待对学生何以会发生如此奇妙的影响？有人认为：这是因为被期待的学生往往被看作是好学生，老师会以亲切友好的态度对待他们，并有意无意把自己的期待传递给学生。因而会使学生感到老师可亲，进而喜欢和信任老师，努力完成老师交给的学习任务，以不辜负老师对自己的期望。另外，由于老师对学生产生某种期望以后，就会给学生以更多更细地指导，较多地提问这些学生，为他们提供学习方法，帮助他们克服学习上的困难。这自然能促使学生努力学习，提高学习成绩。随着学习的进步，学生的志向水平也不断提高，自信心增强，于是就会形成良性循环。

学生对教师的态度是非常敏感的，而且会影响学生的行为方式。如果老师把学生看成是认真和诚实的，那么学生就会以认真和诚实表现出来。如果老师认为学生的脑袋是"榆木疙瘩""天生笨蛋"，那么学生的学习成绩就会下降，自己也会失去信心。

在正常的教学中，有良好的师生关系也能起到如教师期待的效果。

有人曾对 702 名学生做了调查，发现其中有 490 名学生对某些老师有好感。在学生表示喜欢的老师所教的课程中，学生作业认真，学习成绩也好。而其中有 212 名学生恰恰不喜欢这些教师，他们在这些老师的课堂上，注意力不集中，作业马虎，结果学习成绩也不好。可见，师生之间感情的好坏，对学生的学习动机、学习行为和学习效果都有直接的影响。

教师对学生的期待以及态度方面的表现，常常受学生自身的态度和行为的影响。一个自认为无能，注定失败和丧失信心的学生，教师对其很容易形成悲观的态度。而一个自尊自信心很强的学生，教师对其就很容易持乐观态度。由于学生的表现不同，教师对学生的期待也不同。教师对学生的期待不同，又会影响学生做出不同的反应。

实际上不仅老师对学生有期待，学生对老师也有期待。学生依据老师在教学活动中的表现，期望老师是有能力的、聪明的、平易近人和通情达理的，因而对其所教的课程认为是容易学的，有兴趣的课程。反之，也会把教师看成是学识浅、能力低，把他所教的学科看成是艰深难懂、不好学、没兴趣的课程。学生的这种期待同样会影响教师的教学情绪和教学效果。

因此，教师和学生彼此共同建立积极、合理的期待，有助于师生间的默契合作，很好地完成教学任务。

现实中并不是所有的期待都有积极的效果，更不是期望越高学生的进步就越大。脱离学生实际能力水平，不考虑学生的特长和兴趣，忽视学生主体或环境上制约学生学习的一些因素，或者是不被学生接纳的期待，都将是没有效益的期待。合理的期待应该成为诱导学生走向成功的动力。

低声调教育学生效果更佳

学生有缺点错误，家长和老师对其进行批评教育，这是理所当然的事。但采用什么样的声调同学生说话，却有个分寸问题。有些家长和老师喜欢用高声调，对学生大喊大叫。似乎不这样做就不足以产生威慑力量，促使学生改正缺点错误。其实不然。高声调的喊叫只能引起学生的反感，加剧师生或亲子之间的紧张关系，甚至会使学生拒绝接受教育，转而变为公开对抗。

言语声调，作为人际交往的一种工具，能表达人的思想和感情。即使同一个词语，由于声调的不同，会使人产生不同的感受。实践经验证明，教育学生用低声调比用高声调效果要好，这是符合心理学原理的。其原因在于：

一、用低声调说话，可以缩短师生之间的心理距离，促进彼此间的思想沟通

教师与学生之间的关系，是教育者与受教育者之间的关系。不管原来二者之间个人的感情如何，事实上学生与教师之间总是存在着一定的心理距离，而有错误的学生同教师之间的距离就会更大。面对有缺点和过失的学生，老师用大喊大叫的高声调训话，虽然表面上有增强教师角色特点的作用，但无形中也把自己置于学生的对立面上，更加拉大了师

生间的心理距离。可是如果教师能用低声调同学生对话，特别是就在两个人的范围之内，老师言语中肯，态度温和，既不夸大学生错误的事实，也不无限上纲施以恫吓，仅就错误的实质与危害分析说明，这样教师的角色特征就被冲淡了，变得模糊了。学生觉得老师平易近人，通情达理，能够维护学生自尊，容易把老师看成是自己的朋友。在这样的老师跟前，还有什么必要隐瞒事实真相和坚持错误不改呢？于是学生会很高兴地接受老师的批评和劝导，心悦诚服。

二、用低声调说话，可以减轻学生的心理压力和精神负担

学生犯了错误，心理上必然会产生一种压力，担心受到老师的批评和处罚。在无法逃避的情况下，犯错误的学生往往会做好硬着头皮顶的精神准备。如果老师逼得紧，索性一不做二不休，反正豁出去了。可是老师却用低声细语和善的口气对学生进行说服教育，这样一来，犯错误的学生原已相当紧张的防御心理就会自然地松弛下来。由于为老师的诚恳与友善所感动，学生情绪稳定，头脑冷静，对自己的错误有所反省和认识，对老师的教诲就会听得顺耳觉得在理，以后就会遵照老师的要求约束自己，不再干傻事蠢事。

三、用低声调说话，可以减弱或消除学生的逆反心理

有理无理，大声吵叫，这在普通百姓中也是令人讨厌的行为，而身为学生师表的教师，动辄在学生面前发火，大声吼叫，这常常容易被学生看成是教师无能的表现，失去对教师的尊重。况且有些学生经常遭受批评，多年来就是伴着斥责的喊声长大的，他们对于老师的大声呵斥习以为常，不会因为强声刺激而发生心灵上的颤动。他们憎恨老师，故意违背老师的要求，甚或以恶作剧的方式捉弄老师。类似这样的学生，对老师的教育已形成顽固的逆反心理和不良的行为习惯，绝非三言两语几声高叫就能教育过来的。可是，如果老师能心平气和地给犯错误的学生

讲明利害，让学生能够理解老师是出于真心爱护学生，是从学生自身的利益着想，而不是抓住学生的一点毛病不放借机整治学生，那么学生就会亲近和信任老师。过去那些常受训斥自尊心受到伤害的学生，由于获得老师的尊重和理解，便会激发出重新做起的勇气，唤起道德意识的觉醒，形成自我教育的过程，这样才具有强大的免疫力，不再向错误方向滑下去。

另外，教师的大声喊叫，这种简单粗暴的教育方式，还会引起其他不犯错误的学生的反感，并由此转向对犯错误的同学的谅解和同情，甚至支持和鼓励犯错误的学生与老师顶牛对抗。而公正和善的教师，不仅能使犯错误的学生醒悟忏悔，而且还能促进全班学生的团结，增强全体学生力争上游的群体意识，不让一个学生落在后面。

我们的古人早就发现学生有"亲其师，信其道"的心理倾向。低声

调教育学生正好符合中学生的心理特点和要求，有利于师生间的感情融洽和思想交流。学生亲信老师，才能把老师的要求化为自己的需要，并自觉地表现在行动上。况且，教师是学生的表率，教师的言行态度对学生有潜移默化的影响。要想培养学生具有冷静、沉着、自制等好品质，教师首先应该具有这些品质，可是碰到学生出点问题就大喊大叫的老师，是无论如何也谈不上已经具有这些好品质。

家长对待孩子的态度也是同样的道理。现实中家长吵孩子的现象可能比老师吵学生的现象要多得多，这也是很多中学生不喜欢或讨厌自己父母的原因之一。对此，家长不能不引起足够的重视。不要以为自己是真心实意地疼爱子女，随便喊几声骂几句无所谓。要知道，孩子可不是这样理解和接受的。他们需要尊重。所以家长教育子女也要心平气和，摆事实讲道理，以理服人。实际上，家长和老师多一点含蓄幽默，对青少年学生的轻微过错"点到为止"，这更有利于调动学生的内部因素，自己管理自己。对正在成长中的青少年学生不能求全责备，不要因为限制过严而影响学生个性的发展。但也要防止另一个倾向，即教育者不能给学生以窝囊、好欺的印象，这种形象也会削弱教育者应有的作用。

"当面教子"弊多利少

中国有一句"当面教子，背后教妻"的俗语。意思是说，家长对子女的教育，当着外人的面进行效果最好；而丈夫管教妻子则在无人处为佳。这里，我们暂且不谈丈夫教妻的事，只想谈谈"当面教子"的利弊。

"当面教子"的经验，无以考查它形成的历史时期。不过根据它的内容，可以确认这是封建教育的产物。而且它的理论依据是封建礼教"三纲"，即君为臣纲，父为子纲，夫为妻纲。在"三纲"的伦理道德规范下，君要臣死，臣不敢不死。父要子亡，子不敢不亡。既然如此，至于是当面教子还是背后教子又有何妨呢？当面教子实不过是做个样子给别人看，抖一抖当家长的威风，显示为父者一家之主的尊严。

然而，在现实生活中，确有一部分学生家长仍受这些观念和经验的影响，喜欢把孩子的问题公布于众，常在外人面前数落、批评、甚至是打骂孩子。这些家长只想到自己一时痛快，把对孩子犯错误的气恼发泄出来，以在外人面前亮丑来惩治孩子。可是却没有认真想过，这样做的结果，对孩子的教育到底是有利还是有弊？

现代教育理论和教育实践告诉我们，无论是家长还是老师，对有缺点和错误的学生进行批评教育时，要注意时间、地点和条件，要讲究方法，要注重效果。不分场合地点，操之过急，简单粗暴，当众羞辱，不会收到预期的教育效果。甚至还会适得其反。有些家长教育子女失败的原因往往就在这里。可是由于没有认识到这个问题，继续使用老办法，导致教育效果越来越糟，父子之间也越离心离德。

随着时代的变化，社会的道德规范和人的道德观念也随之变化。家长教育子女，再盲目照搬过去的古董经验，显然不会灵验。现在的青少年学生，不仅具有一定的现代科学文化知识，而且还有很强的民主意识和自尊心理。他们对待自己与家长与老师的关系，不是简单地看成是长幼、师生、教育与被教育、管教与服从的关系，同时还要求有人与人之间的相互理解、尊重、平等的对话与交往。尽管他们思想还不成熟，行为还不够稳定，有时可能还会干出荒唐事来，但他们讨厌强迫，极力维护自尊。一些因盲动而做了某种错事的学生，常会担心这些错事被声扬出去影响自己在班级同学中的威望，所以很希望家长和老师不把自己的事捅出去，愿意在私下里悄悄改正。如果家长和老师能理解学生的心情，在背地里心平气和地给学生讲明利害，并不失信赖地鼓励他们改正缺点，努力上进。那么有错误的学生会很感激的，真能约束自己的行为，以此向家长和老师证明，自己确是一个有错就改说话算数的好学生。

可是如果家长和老师不是这样处理问题，而是不分青红皂白，抓住一点劈头盖脑地在众人面前把学生严厉地训斥一顿，甚至还要拳脚相加，对学生进行羞辱，使其难堪，为众人提供嘲弄的话柄，那么可想而知，学生会有怎样的反应。尽管家长和老师出于好的愿望，想以此惩罚一下学生，让其尝一点苦头，以后不敢再犯。可是学生不会因此而感激。他们会恼羞成怒，一不做二不休，继续坚持错误。有的学生就是因为对这种教育方法的不满，明知自己做错了事却偏不改正，目的就是要气一气家长和老师。

当面教子弊多利少。生活中我们常看到这种现象，一个孩子为了给别人一个好的印象，说话办事能自加检点。当有了点什么不大光彩的事被别人知道了，自己感到很难为情，见人就脸红，不好意思。如果有关自己的事向外人暴露得太多了，特别是一些缺点和毛病，那么这个孩子再在外人面前就不会像原来那样注意检点了。见到叔叔阿姨，不再客气，扬长而去，不以为然。这就是说，当一个学生的自尊心受到严重损伤的时候，他就不再自尊，导致破罐破摔。人到了不知羞耻的程度，还有什么可顾忌的呢？

由此，我们可以说，凡是损伤学生自尊心的教育方法都是不可取的。科学的教育方法正是能使那些失去自尊的学生重新恢复自尊。"当面教子"的老经验，含有不尊重学生人格、有辱学生的成分，因而不是好经验。当然这并不是说对学生永远不许进行公开批评。这是两码事。二者的本质差别是指导思想上的不同。但即使是指导思想正确，也还是尽量少用公开批评为好。

学生为什么会离家出走

中学生私自离家出走，这是一种不正常现象。但近年来这种现象已不罕见，这到底是由什么原因造成的呢？据有关方面的调查，发现在出走的中学生中有如下几种情况比较多见：

一、逃避惩罚，逃之夭夭

学生犯了错误，捅了娄子，害怕被家长老师知道受到处罚，或者经不住同学嘲笑，宁可硬着头皮离家出走，也不当着众人丢"面子"。一名初三学生因自习课离校早退，被班主任抓住，老师恨他升学关头不知用心学习，当面打他两耳光。他无地自容，又怕家长知道，便偷拿家里的钱坐火车去北京了。在火车上钱被扒手盗走，身无分文。到京后白天去饭馆舔盘子充饥，晚上就蹲车站。后被北京市收容所收纳。经一番周折，家长才知他的下落，把他接回。

二、不服批评，赌气逞能

青少年血气方刚，不愿被人小看。为了证明自己能有作为，便走向广阔的世界。三名初三的女学生，学习不好且又不大努力。老师批评她们"没理想，没志气"，她们不服，合伙出走。跑到老山前线，硬要留下给边防战士运炮弹，想当个女英雄给老师看看。

三、行侠仗义，寻师求艺

受影视节目和文学作品中有关侠客义士的影响，也想飞檐走壁，腾空驾云，行侠仗义，消除人间不平事。为此有的青少年学生达到执迷不悟的程度。一高三学生平日里早晚时间都要盘腿打坐，经常让他母亲观察他的眼睛是否冒火，掌下是否生风。因功夫总不见长进，他竟然拿了盘缠不告而别去寻高师指教。他先去武当山，因路不熟，在山里绕了几天也没找到要去的地方，饿倒在地。后被当地群众发现，通知学校把他领回。

四、讲哥们义气，舍命相陪

青少年重友情，崇尚古人或传说中的结义兄弟侠肝义胆，愿为朋友两肋插刀。某校一名犯有过错的中学生为逃避惩罚决定离家出走，但觉得一人出去太孤独，想找个伴儿陪着。于是两名和他要好的朋友为了表示在危难之时不抛弃朋友，便随他一起出走，在外东溜西转游荡了十几天。

五、厌恶学习，寻欢作乐

两名农村中学的初中二年级学生，学习基础差又不愿意学习，也不愿意做家务劳动。两人私下商议要去省城观光一下。于是他们各自从家里偷钱登上火车走了。到省城后，他俩逛百货商店，去舞厅影剧院，品尝各种风味小吃，不几天的工夫，把钱花得精光。在城里实在混不下去了，又狼狈不堪地跑回家里。

六、堕入情网，随人私奔

中学生感情纯真，社会经验不足。有的学生因谈恋爱遭家长反对斥责,一时感情冲动离家出走或与恋人私奔。一女学生因同社会上一男工人谈恋爱,遭家长反对后便跑到男方集体宿舍里躲藏。还有的是住在恋人的亲属家里,也有住在旅馆里的。

七、不求学业进步,只图挣钱发财

受读书无用思潮影响,有的学生不愿苦熬寒窗数载,只想怎样赚钱来得快当。某中学一名来自黑龙江的学生说他老家那里挣钱容易,于是就有几名学生结伙去了黑龙江,幸被家长发现,半路上给截了回来。还有听说广东、海南有来钱之道,有的学生便怀着发财的梦想,去了广东、海南。

八、虚张声势,借以吓人

有的学生故意制造出走假相,报复老师和威胁家长。其实这样的学生根本就没有远走,在朋友或在同学家住几天,观察和探听家长或老师的反响,以达到某种目的。

九、悲观厌世,对生活失去乐趣

由于学习上受到挫折,或与老师、同学关系紧张,或者家庭内部有纠纷等各种原因,有的学生虽年纪轻轻却万念俱灰,失去了生活的勇气和信心,企图以隐居或轻生的方式逃避现实的烦恼。某市在一个时期内先后有五名中学生寻死自杀,除一名被及时发现救活外,其余四名都不幸死亡。有的学生想在死前最后浏览一下人间美景便去山水优美之处逍遥几天。有的虽不想死,但已厌倦人生,远离亲人去寻僧家庙门。

十、受人利诱,出外招摇撞骗

有的学生结识校外一些不三不四的人,思想被腐蚀,好吃懒做,投机取巧。为了摆脱家庭和学校的束缚，在坏人的引诱下，离家出走。同坏人结伙到处流窜，搞些小偷小摸勾当，严重者有加入走私贩私团伙，堕入犯罪泥潭。

总之，凡是离家出走的学生，总有这样或那样的原因。而且在出走之前，会在思想上和行为上有一定迹象表现出来，只要细心观察还是能提早发觉的，做好防患于未然的工作。

学生离家出走，固然有其自身主观方面的原因，但家庭和学校缺乏对学生的吸引力也不能不是其中的一个原因。家长和老师对学生理解少，指责多，使学生不能从家庭和学校中得到温暖。有的老师特别爱向家长告学生的状，有的家长不分青红皂白听说诉状就把学生痛打一顿。有的老师常把纪律差的学生赶出课堂，或强迫学生去找家长，结果学生是既不敢找家长，又不被老师接纳，无路可走，溜之大吉。

还有的家长和老师对学生的看法只以学习成绩论短长，歧视和冷待学习成绩不好的学生，忽略了对这类学生其他方面特长的发挥，凭主观臆断随便给学生扣上"没出息"的帽子，上海市一名中学生，学习成绩居班级中下水平，不是很好，但他在一次征文大奖赛中用五个化名写的五篇文章，竟有四篇进入前十五名，其中一篇被评为一等奖。这能说不是人才吗？可惜他妈妈因他学习成绩不佳没有让他去领奖，也不同意评委给他颁奖。幸亏这孩子能想得开，否则说不定会出什么事的。

如果家长和老师都能成为学生的朋友，能理解学生在青少年时期所独有的心理活动特征，不把成人的观点和行为模式强加给孩子，对有缺点和错误的学生能循循善诱，培养和激发学生自我教育的动机，多给学生一些能表现自己所长的机会，把思想政治教育工作寓于丰富多彩的活动之中，那么我们的学生就一定会增强对外部不良诱因的抗拒能力，顺利地度过心理转折的困难时期，为通向未来的人生铺平道路。

批评与惩罚不能滥用

教育是一门科学，也是一门艺术。不同的教育方法和教育技巧，会产生不同的教育效果。很多老师和家长对后进或有过错行为的学生，习惯于用批评、处分或惩罚的方式进行教育和矫治，结果却往往不能达到预期的教育目标。

批评与惩罚，作为一种教育手段，实质是用学生厌恶的刺激来消除其不良反应，改正错误，防止别人效仿。然而经验证明，滥用批评与惩罚，容易损伤学生的自尊心，使学生自暴自弃。或者会使学生的消极情绪更加恶化，对教育者怀有敌意，从而拒绝批评和教育，破罐破摔。严重的还会发生攻击性行为，导致更加不良的后果。同时，滥用批评与惩罚，还会使受罚者赢得其他学生的怜悯和同情，这就失去了惩一警百的教育意义。因此，教育者在选用批评与惩罚这一教育手段时，一定要谨慎行事，避免发生负效应。

那么怎样才能使批评与惩罚的教育手段充分发挥它的作用呢？

一、要实事求是

教育者评定学生的是非优劣要有客观标准，而且这些标准要求要符合学生生理和心理实际，学生通过努力是可以做得到的。当学生不能达到或违背要求时，家长或教师通过批评和处罚给学生施加一种压力，敦促其向预定的目标靠近。但不得因学生有某一方面的不足，就翻旧账，算总账。也不得捕风捉影，听信谣传，要以事实为依据，不以个人好恶定是非。更不得抓住一点不及其余，上纲上线，随意挖苦和贬斥学生，轻率地论断某个学生"一辈子没出息""天生劣根"。现实中，由于教师和家长漫不经心的一句话而毁掉了一些学生的上进心，放弃了学业，或由普通中学转而进入工读学校，这类现象，绝非罕见。

二、要从善良愿望出发，坚持治病救人原则

家长和教师不能把批评或惩罚这种教育手段作为整治学生的法宝，或者借此发泄自己的不良情绪。否则就会削弱或丧失处分与惩罚的教育意义。当教育者选用批评与惩罚的手段时，应让学生体会到这是家长和教师出于对自己的关心和爱护不得已而为之，是为了治病救人。批评中有惋惜之情，惩罚中有期待之意，这会激发学生真正反省自己的缺点和错误，以至因为自己做得不对而感到愧疚自责，进而主动改正缺点和错误。

家长和老师要对有悔改表现的学生表示信任，允许他们出现反复。实际上有过错行为的学生在转变过程中出现反复是完全正常的。此时他们更需要教育者的鼓励、支持和帮助，而怀疑、埋怨以及失望的表示都有可能使他们本想改好的努力前功尽弃。

有强烈的责任心和义务感的教师，不是等到学生出了问题之后，简单地采用批评与惩罚的手段就算完事。而是在问题出现之前，就能根据学生的表现做出预先的估计，并用失败的威胁使学生产生一定的焦虑，从而促使学生克服不良习惯，纠正缺点，避免失败，免去惩罚。

这里需要说明的是，批评与惩罚的教育手段决不包含有体罚的意思。家长和教师在任何时候、任何情况下，都不能对学生采用体罚的方式。体罚的效果更坏。暴力式的教育方法，培养出来的不是奴才就是叛逆，它不可能培养出有聪慧头脑和善良感情的人。过去所说的"棍棒底

下出孝子"，这种"孝"不是发自内心的敬与爱，而是暴力下驯服的结果。振兴民族大业，靠强力驯服的国民是毫无希望的。

三、要注意时间、地点和条件

对犯错误的学生的批评和惩罚，要选择恰当的时间，既不能操之过急，也不能拖之甚久。当全面掌握学生错误的实质，在学生头脑冷静情绪稳定之时，对学生进行批评教育和处罚容易被学生接受。最好在学生错误行为刚一发生时就立刻制止，不要等到学生的错误发展到非常严重的程度再去处理。这样既可减少教育的难度，也有利于学生甩掉包袱重新做起。在一般的情况下，不能轻易地把犯有某种错误的学生当成坏典型，在全班同学面前点名批评，或者动不动就警告、记过，这样会损伤学生的自尊，使学生失去悔改的勇气和信心，甚或助长了学生的消极情绪，沮丧、冷漠、顽固。有经验的教育者常常是在私下里单独给学生指出缺点和错误，要求学生改正。学生对此很感激，觉得自己受到信任和尊重，因而乐于接受批评，愿意改正错误。对于一些犯有严重错误，不公开处理不足以惩前毖后的，应事先做好学生的思想工作，让学生有充足的思想准备，愿意合作，以防出现意外事故。

批评与处罚，还要根据学生的接受能力灵活运用。对于某些学生一时不能马上克服的缺点错误，教育者要留有余地，先纠正有可能克服的毛病，向学生提出明确具体的要求，让学生从小的进步做起，然后再逐步地提高要求，逐渐把学生引向正确的轨道。

个别性情倔强的学生，有时对教育者的批评处罚持对抗态度，甚至还会出现不礼貌的语言和行为。碰到这种情况，家长和教师就要设法扭转紧张局面，不要一味地坚持批评，更不要以揭短或恫吓的方式企图把学生的气焰压下去。换一个场所，改变一下时间，待学生冲动的情绪冷静后，再向其讲明错误之所在及其危害，效果会好得多。对于经常遭受批评和惩罚而不见效果的学生，教育者要想办法恢复他们做人的尊严，帮助他们寻找一项能扬其所长获得成功的活动，用积极的鼓励消除他们因持久的批评惩罚而造成的消极影响。这种做法常使这类学生有遇"恩师"和"知己"之感。

四、要有群众基础

批评与惩罚，不只是为了教育犯错误的学生本人，同时也为了教育别人，制止别人效仿。因此，教育者在采用批评和处罚手段时，应该得到大多数学生的理解和支持。

青少年学生比较注重自己在同龄人心目中的地位和看法，也更愿意接受同龄人的批评和劝告。来自班级集体同学的压力和影响，要远远胜于来自家长和老师的压力与影响。所以当班级绝大多数学生同老师的观点和态度保持一致时，教育和改造个别有问题的学生是比较容易的。但是如果一个班集体纪律涣散，学风不正，那么个别学生即使被老师的教育所感动，其发展前景也是令人担心的。要么会被他所在的团体所疏远，要么还回归到原来的落后状态。因此，教师对少数后进学生的教育要同改善大环境的舆论和风气结合起来。

五、要少惩罚多鼓励，做好个别教育

心理学研究证明：表扬和奖励要比批评和处罚效果好。鼓励能从正面培养学生的责任心和义务感，批评和处罚则会导致学生过分依赖和顺从，使学生缺乏主动性积极性。严厉的惩罚会使学生与老师的要求背道而驰。

批评与处罚，在不同学生的身上会有不同的效果。同是受到批评，男生比女生进步大，外向的学生比内向学生容易接受批评，能力高的学生比能力低的学生见效快。

由于学生的个性特点千差万别，凡事都不能搞一刀切，所以做好个别教育非常重要。对待不爱学习文化课的学生，可以调动其文体方面的特长或在劳动中给他们大显身手的机会，确立他们在集体中存在的价值，逐渐培养他们的学习兴趣和学习动机。对于一些爱耍小聪明上课不专心听讲不守纪律的学生，让他们去当小先生，帮助学习困难的同学。有任务在身，他们就会认真学习了。对于有内向特点的违纪学生，教师可以通过暗示的办法，给他们一个警告的眼神，不许的表情，或通过对其他同学行为的表态等，这比公开揭露问题要好得多。

　　总之，批评与处罚，作为教育学生的一种手段，有它积极的意义。运用得当，可以调动学生学习和活动的积极性。现实中有不少学生就是因为害怕惩罚的威胁，为保持自己的声誉、学业、文凭而严格要求自己的。对于青少年学生，家长和教师不能期望他们在没有明确的教学要求和严格的监督考核措施下自觉学习，完成作业，安分守己地遵守纪律和

行为准则，因此保留批评与惩罚的威胁是有好处的。特别是对于一些有危险的或有严重破坏性的行为，则必须使用惩罚手段加以遏制，并且防止其他学生效尤。

但是，教育者千万不能滥用批评与惩罚。滥用的结果只能适得其反。晓之以理，动之以情，导之以行，持之以恒，这是很多教育工作者的成功经验。实践证明，使用批评和惩罚次数最多的老师，往往是工作成效最不高的老师。

调皮的学生中有创造型人才

中学时代的马克思，是以调皮而闻名全校的。当时就个人的发展前途而言，他被校长和老师列为是中等的、希望不大的那个层次。可是无情的历史证明，马克思是他所在的那个学校最有思想最有才气的学生。这不是因为马克思后来的成功而美化他当年的历史。事实上是他的老师和校长出于旧有的观念和偏见，对学生的看法从一开始就缺乏正确的态度和科学的评估标准。结果铸成大错，落给后人以嘲笑的话柄。其实，马克思在读中学的时候，就已经才华显露。他头脑灵活，凡事爱寻根问底，听课读书绝不盲从。就是玩耍也能搞出许多别人想不出的名堂来，还会编很多离奇古怪的故事。做事常出奇制胜，令人耳目一新，很有趣味和吸引力，倘若他年轻时代是个循规蹈矩的人，那么他与伟大的马克思主义学说绝不会有缘。

达尔文从小喜爱大自然，热衷于探索生物世界的奥秘，喜欢搜集各类生物标本，尤其喜欢收集甲虫。后来他果然在生物学的研究方面做出巨大贡献，首创进化论，把生物学纳入科学范畴。但是，达尔文在中学念书的时候，就是因为迷恋花草虫鱼而被他那古板的父亲和因循守旧的老师批评，经常受到斥责。

大发明家爱迪生当学生的时候，因为经常提出一些老师难以回答的问题，被认为是故意捣乱而被驱逐出校。

现实中也有不少学生因犯调皮捣蛋的"罪行"受到老师的冷遇和家长的嗔怪，其中有的学生的"罪行"，就纯属"莫须有"。这些学生虽然可能成不了像马克思、达尔文、爱迪生那样了不起的人物，但他们确实是很有发展前途的学生，是具有创造精神和创造活力的学生。因此家长和教师在对待调皮生的态度上，一定要注意分寸，切不可凭自己一时之好恶而在无意中扼杀了正在成长中的人才。

具有创造才能的学生何以被打入调皮生的行列？这里的原因很复杂。不过传统的教育观念和旧的教学方法，以及对学生非科学的评定标准，是其中最重要的因素。千百年来，我们的教育和教学都是注重学生的求同思维，只围绕着课本和老师之间的范围来开展教学活动。学生对现成的知识和原理无须怀疑，对老师提出的要求只有无条件照办。因此，凡是听话、顺从、安分守己、对不明白的问题不瞎猜，不"胡思乱想"的学生，就很受老师偏爱，师生之间也很容易合作。可是具有求异思维的学生却爱反其道而行之。于是被看做是不安分、故意出难题、卖弄小聪明、破坏秩序等，被打入坏学生之列。

据有关调查研究发现，创造性比较高的学生往往表现为顽皮、淘气、不拘小节、行为举止好逾越常规，待人处事不拘泥、不固执、喜欢幽默，也常有戏谑和挖苦等特征。这样的学生思维活跃，想象丰富，好奇探疑，喜欢独出心裁，标新立异。所以平时表现出不迷信课本，不崇尚权威，经常发表一些与教科书和老师观点不同的意见。有些学生甚至还有一些更特殊的表现。如有的学生不经学校老师和家长的允许，私自结伴去蛇岛、鸟岛探奇。有的学生不关心自己的学习成绩却热衷于搞一些小发明小制作等。也有的学生对家长和老师的要求不够顺从，难以管教。还有的学生根本不关心不在乎自己在别人心目中的形象和评价，在班级里与同学的关系不融洽，或者是本人脾气不好，或许有些不合常态的习惯等。这些表现在很多方面同调皮学生的表现无大差异。所以老师很容易把他们看成是甘于落后不思进取的后进生。

　　另外从感情上来讲，老师也确实不大喜欢这类学生。因为他们不仅有随时破坏班级纪律的危险，而且也经常把老师置于难堪尴尬的境地。不具慧眼的老师，是很难把他们当成宝贝看待的。

　　由于这样的学生不受欢迎，不被人喜爱，加上受传统伦理道德观念的影响，有些家长也常把敢于坚持自己意见不盲目顺从的学生，看成是冒犯权威和长者尊严的大逆不道。为了防止孩子长大在外面惹是生非，从孩子小的时候起就向孩子灌输安全做人的办法：遇事不要多嘴多舌，不能反驳别人的意见，不可顶撞上级和领导，凡事要小心，不要去冒险，随大流最稳妥……结果使我们的孩子失去了自己的个性，没有了做人的棱角，不会怀疑，懒于思考，安于现状，无所作为。

　　其实，青少年的天性就是好奇、好动、好问。家庭和学校教育不是压抑这种天性，而是要利用、培养和发展这种天性，把学生引向成才的轨道。教师不能只喜欢俯首贴耳的学生，而冷待不大驯服的学生，更不能因为学生有某些缺点错误就形成偏见，一叶障目。我们的先人已曾发现"自古天才多怪癖"，难道我们现代人还会因为"怪癖"去扼杀人才吗？

　　家长和老师都应该鼓励支持学生大胆质疑，培养学生大胆开拓创新的勇气。即使是一个真正调皮的学生，也要肯定他们的长处，耐心诚恳地帮助他们矫正短处。美国心理学家罗杰斯说，"在每个人身上都有创造潜力"，关键是如何创造条件挖掘和发展这种潜力。能做到这一点的民族，才是有希望的民族。实践经验证明，民主气氛有利于培养学生创造性思维，专制苛刻会抑制学生的创造性思维。当年爱迪生被老师赶出校门时，幸亏有他母亲的鼓励和支持，使他有幸成为一个伟大的发明家。美国有两个小发明家劳森和巴顿，年龄只有 10 岁和 14 岁，却获得了十项专利。他们的创造才能是在母亲的教育培养下发展起来的。他们的母亲规定每天下午完成老师的作业外，要玩一项创造性游戏。由于经常坚持，孩子学会了动脑筋。当然在开发学生的智力过程中，不能忽视对学生的品德教育。

青少年犯罪先兆

　　近年来，青少年违法犯罪已成为国际性的社会问题。就以我国为例，从中华人民共和国成立到 1956 年以前，我国青少年的犯罪率一直很低。可自 1967 年以后，犯罪率逐年上升。尤其是最近几年，青少年犯罪人数急剧增加。据统计，1965 年青少年犯罪占整个犯罪人数的 38％，而现在则占 80％，有的地区甚至高达 90％以上。另据国内外有关资料介绍，青少年犯罪的年龄特点呈现出两个高峰期。一个是 13 岁～15 岁的初犯高峰期。另一个是 15 岁～18 岁的犯罪高峰期。而且犯罪手段有向暴力发展的趋势。青少年犯罪的这两个高峰年龄恰值儿童的中学年龄阶段上。因而，家庭、学校和社会都不能对此等闲视之。应尽快采取有效措施，预防和减少青少年学生走向犯罪道路，保证青少年学生的身心健康和社会生活的安定。

　　青少年犯罪不是与生俱来的。从初犯到屡犯，从无到有，由轻到重，有一个发展过程。特别是初犯之前，往往总要有一些明显的外在表现，或有激烈的心理活动。家长和教师只要善于观察，从蛛丝马迹中发现破绽，及时进行帮助教育，还是很有补救的希望的。

　　青少年的犯罪前兆，大体有如下几种征候：

一、对学习不感兴趣，学习成绩无故下降

这类学生由于兴趣的转移，失去了原来对学习的那种努力钻研精神，不把学习当回事。上课不注意听讲，不按时完成作业，或抄袭别人的作业搪塞老师，扰乱课堂纪律，以被轰出课堂为乐事。学习成绩明显下降却不以为然，对升学、留级淡然处之。

二、厌恶学校生活，经常逃学或流落在外

这类学生犯罪的可能性很大。在有案可查的青少年犯罪中，逃学和流失生犯罪比例很高。经常性的迟到、早退、旷课，是流失前的重要表现。此时就可能已经同校外的不法分子有联系，一旦长期离家离校流落在外，就会参与不法团伙的犯罪活动。

三、对家长和老师的关心帮助表示反感，感情冷漠，甚至怀有敌意

这类学生对家长和老师的好言相劝善意批评很不耐烦，恶语顶撞。有时还给家长和老师出难题看笑话。对老师和家长的接触存在戒心，甚至挑拨家长和老师之间的关系，利用矛盾，以达不可告人的目的。

四、打击学习用心、遵守纪律、积极要求进步的同学

这类学生是非观念模糊，把好人好事置于自己的对立面，与正直的人相疏远。讽刺、挖苦、打击要求进步的同学，甚至还在背后里捏造谣言，蓄意诽谤。

五、羡慕、同情和包庇有劣迹行为的人

这类学生善恶不分。把某些人的劣迹行为看成是一种"能耐"加以

羡慕和崇拜，并当成榜样进行效仿。对社会上给予这些人的帮教和惩治表示反感。喜欢结交有劣迹行为的人，同他们称兄道弟，打得火热，难分难解。

六、纪律松弛，爱说谎话，好在学生中称王称霸

在校内不遵守学校纪律，在校外违犯社会行为规范。随心所欲，为所欲为。爱说假话、空话、大话，编造谎言，涂改假条和学习成绩，欺骗家长与老师。把别人对自己的耐心说服看成是软弱无能。喜欢逞能，把敢打架敢放血视为英雄之举。办事不讲法理，凭气力压人。这样的学生很容易走上犯罪道路。

七、聚众赌博，寻衅闹事

学生有学不上，或心思不用在学习上，结伙在马路边、空房子里或聚在家中，甩扑克玩麻将，打牌赌博，赌注越下越大。这种行为的后果不堪设想。赌博从来都是和犯罪连在一起，更何况青少年学生！还有的学生三五成群压大街逛商店闯影剧院，在公共场所惹是生非，遇事喜欢大打出手，唯恐天下不乱。这些都是走向犯罪的危险信号。

八、不读课本，喜看爱情小说和偷视淫秽书刊录像

有的学生对课本上的知识知之甚少，但却能熟诵某些小说中描写爱情的语句和段落。对爱情影片百看不厌，千方百计搜寻和偷看淫秽书刊录像，热衷于男女之间的话题。独居时，发痴发呆，神情恍惚。在异性面前过分活跃显示自己，挑逗对方。这是青少年发生性犯罪行为之前的常见现象，尤其是黄色书刊录像，对青少年的性犯罪具有巨大的诱惑力量。某校一名 15 岁的男学生，因看黄书入迷，尝试模仿，竟奸淫了 13 岁的女孩。

九、过分追求物质享受

有的学生对金钱物质兴趣浓厚，羡慕别人的富有，对物质享受有强烈欲望，但限于自家经济条件，很多欲望不能得到满足，于是就喜欢向别人借钱花，喜欢换穿别人的衣服。而且借来之后，主人不索要便不想还回。有的学生爱占别人的小便宜，用自己廉价的物品去换别人高价物品，或者趁主人不防，小偷小摸拿人家的东西。有的学生追求时髦，过分注重打扮，以能招人一瞥为乐事。这些学生思想上的薄弱之处，在一定的外因诱惑下就有可能完全崩溃堕落下去。某校一名女学生因无钱买高档服装和化妆品，便在乘出租汽车时，用尖刀威逼司机索要钱财。司机不给，她就真用尖刀在司机的颈部、臀部连刺数刀，犯下行凶抢劫的罪行。

十、崇洋媚外，对现行社会制度不满

有些学生由于不完全了解西方社会的特点，或出于某种原因，极力推崇资本主义制度，而对我们的社会主义制度不满，甚至怀有仇恨心理。基于这样的思想基础，这类学生极易参与颠覆国家政权、破坏社会秩序的政治性犯罪。也有的学生以抽"洋烟"为阔，以穿"洋装"为美，甚至以佩戴洋商标为体面。往往不大尊重自己的人格，为获取这些"洋"物，乞讨、强抢、盗窃之类的事也都可能干得出来。

上述的十种表现只是作为一种征候，需要引起我们的重视和警惕，而不是说凡有这类现象的学生就一定会犯罪。这其中有一些是属于后进学生的表现，但由于后进和犯罪有一定联系，所以也不能忽视。犯罪者从心理活动到行为实践需要一个过程，作为家长和教师就是要在这量变的初期，能洞察秋毫，防微杜渐，从思想和意识上清除学生走向犯罪的不良因素。

关于对犯罪的预防方法，本书在"青少年的游戏型犯罪"中已有说明，这里不再赘述。

青少年的游戏型犯罪

北京有一名中学生，在大街上用一把刚做好的三角刮刀戳伤路上的行人。当人们把他捉住问他为什么这样做时，他毫不在乎地回答："试试这把刮刀快不快。"上海有 6 名中学生结成一伙，先后盗窃 9 辆自行车。他们盗车的动机就是为了踏车出去玩一玩。玩够了就把车子随便一丢，以后想玩再去偷。大连市有两名中学生，把过节时燃放的鞭炮装在空酒瓶里，放到附近住宅楼一楼住家的门口。然后一人去敲三家住户的房门，一人准备点火。等到三家主人都来开门时，正好赶上鞭炮爆响。三家人虚惊一场。而那两个学生却躲到别处正在开心地看热闹。吉林省某县某镇中学的几名学生，晚上结伙去小卖店厮混，趁店主不备偷拿店里的货品，第二天悄悄分给班里其他同学，自鸣得意。还有几名学生在数九隆冬之时，把一根雷管放到一位老师家的窗下点燃，结果把老师家的窗框炸坏，玻璃震碎。他们这样做的目的就是要试验一下，看看雷管的爆炸力到底有多大。

有人把类似这种出于好奇、逞能、恶作剧等心理原因而发生的盗窃、强抢、杀人、行凶活动，称作游戏型犯罪。这类犯罪在青少年犯罪中占有很大比例。这种犯罪的后果同刑事犯罪一样，破坏了社会的安定秩序，损害了国家、集体和个人的财产以及人身生命安全。同时对青少年自身的发展也具有相当严重的危害，很可能成为青少年走向真正犯罪的开始。

追究一下青少年这种游戏型犯罪的根源，主要有两个方面的原因，一是青少年自身方面的某些特点，构成青少年产生犯罪行为的内部因素；另一个是来自家庭、学校和社会等各种不良环境因素的影响。

从青少年学生自身方面的特点来看，具有下列几个特点。

一、精力旺盛，喜欢运动

青少年时期，正是生理、心理迅猛发展变化的时期。尤其是男学生，更喜欢能显示自己力量的活动，敢于冒险，以此证明自己是个堂堂男子汉。并且好奇心强，凡事都想试探一下。但青少年学生大脑皮层的兴奋和抑制过程不平衡，兴奋性较强，容易冲动，不善于自我控制。所以有时就会干出鲁莽的事来。

二、是非观念不清，善恶不分，法制观念不强，对于行为后果考虑不周

从事游戏型犯罪的学生，往往意识不到自己正在从事犯罪勾当，很少想到自己的行为会给别人带来什么不幸和痛苦。即使能认识到也很少表示同情，甚至是幸灾乐祸。偷了人家的东西，还要看失主怎样着急，怎样寻找，自己觉得很好玩。有的学生把敢用刀子捅人，敢砸商店看成是英雄行为。

三、缺乏生活理想，心灵空虚，寻求精神刺激

这类学生没有明确的学习目的，对自己的未来很少设想，过了今天不管明天。学习不努力，学习成绩也不好，对学习生活感到乏味。由于无所事事，就想出一些消遣的办法，聚众闹事。明知不该做的事也要去做，冒冒险，掀起一点生活波澜，免得闲得无聊。

四、不良行为习惯的作用

有的学生从小就习惯于打架骂人，占小便宜，任性调皮。凡事只顾自己高兴，不管别人是否乐意，我行我素，热衷于低级趣味。而后随着年龄的增长，这些毛病非但没有改好，反倒变本加厉，形成恶习。这样的学生很有可能发展为真正犯罪。

从外部的条件来看，学生生活环境方面的消极因素也是导致青少年学生产生游戏型犯罪活动的诱因。

1. 来自社会方面的不良影响。

社会思潮和社会风气对正在成长中的青少年学生人生观、世界观的形成具有重要影响，而近年来由于国内对西方资本主义国家所谓个性解放和人权运动的宣传介绍，使一些学生误以为人生在世，就该无拘无束，想干什么就干什么，不要压抑自己的本性。所以他们对于自己非法的和不合理的欲望不加约束。

同时，当前社会上的不正之风，官场上的行贿受贿，商界的短斤少两，以次充好，伪造商标等现象，使一些青少年学生觉得当老实人太没出息。"不拿白不拿""撑死胆大的，饿死胆小的"，所以他们也敢胆大妄为。

还有电影电视以及文学作品中的一些反面人物，如江洋大盗、反侦察社会黑手，虽说都是坏人，但他们的风度和神通却令青少年学生羡慕和佩服。从而愿意模仿他们神出鬼没，制造事端。

2. 来自学校方面的不良影响。

片面追求升学率和学校对学生思想政治教育工作的放松与失误，也是导致青少年学生产生游戏型犯罪的一个原因。由于片面追求升学率，学校和老师常以学习成绩优劣、升学把握大小作为评定学生好坏的依据。而且老师关心和培养的重点也都是学习好的学生。对学习差的学生则放任不管，忽略了对学生进行品德教育。也有的老师对调皮捣蛋的学生无计可施，惧之，哄之，这也助长了某些后进学生的逞能心理。

学校课外活动贫乏，教学形式和教学方法单调，不能满足青少年学生的好奇、好动、探新的欲望，促使一些学生跑到校外去寻求新异刺激。有个别学生由于对学校对老师或对家长有意见，缺乏感情，故意制造事端惹出麻烦。

3. 来自家庭方面的消极影响。

家长对子女的娇惯与放纵，学生幼年时的家教不良，这也是青少年犯罪的根源之一。很多犯罪的青少年都有任性和以自我为中心的性格缺陷，显然这是家教不良的结果。

另外，父母本人的品德和行为对子女的品德与行为也有潜移默化的影响。

针对青少年学生游戏型犯罪的不同原因，应采取相应的补救性措施，免得发展下去不可救药。解决这一问题，首先要帮助学生从思想上认清游戏型犯罪的危害、不良后果以及危险的发展趋势，使学生充分认识到这种犯罪活动的严重性，立即悬崖勒马。其次要向学生进行法制宣传和教育。游戏型犯罪也属犯罪之列，触犯法律要受法律制裁。再就是要培养学生社会主义的道德品质，养成自觉遵守道德行为规范的好习惯。适当组织学生参加公益服务活动，让学生在亲身实践中领略和体验助人为乐的社会效益和自我存在价值。摈弃损人利己（实际是损人害己）的思想和行为。同时还要广泛开展各种文化活动、体育活动、科学实验等，把青少年的旺盛精力引导到有意义的活动上去，从中陶冶性情，磨练意志。

青少年心理健康的标准

　　人的健康，包括两个方面的含义，一是生理健康，另一是心理健康。由于受传统认识的局限，很多人只注重生理方面的健康。碰到头疼脚热，腰酸背痛之时，总会想办法调理一下，或吃药或休息，不使小病酿成大病。可是对于心理上的疾病，则因不知是病而受到忽视。有的家长对孩子的衣食饱暖很关心，生怕孩子饿着冻着，但对孩子内心的焦虑和痛苦却不问津。有的老师对一些敢于违反纪律顶撞老师等问题行为的学生管得比较多，而对那些性情沉默内向有心灵创伤或情绪失调的学生则很少过问。

　　其实，生理健康和心理健康对人具有同等重要的影响，而且它们二者之间又是相互联系相互制约的。生理方面的病变会导致心理的异常，而心理疾病也会导致生理机能异常。因此对于青少年学生，我们既要关心他们的生理健康，又要关心他们的心理健康。

　　人的生理健康状况具有一定的客观标准，可以通过检查和测量加以判断。可是心理健康，虽说也有一定标准，但却不像生理健康标准那样明确具体。所以现在国内外对于心理健康评定的标准已有几种意见。不过这些意见就实质而言，还是大同小异的。根据我国的实际情况，很多心理学家和卫生专家们认为，作为心理健康的标准应具备如下要求：

一、敢于正视现实

心理健康的学生，对于升学、就业以及在生活和学习中所碰到的各类问题，都能有清醒冷静客观的认识。既不沉湎于神奇的幻想，也不为眼前的挫折困难所困扰，脚踏实地为实现自己的理想努力进取。他们能根据社会和环境的需要改造自己，也能根据自己的需要去改造客观环境。当不能改变客观现实时，能理智地改变自己对现实的看法，保持心理平衡。

二、正确认识自己

心理健康的学生有自知之明，谦而不卑，贵而不傲，不过高或过低地估计自己。熟悉自己的长处与短处并依此确立志向目标。不能当指挥千军万马的统帅，就做一名冲锋陷阵勇敢的士兵。做不了拥有桂树和玉兔的明月，就做一颗闪亮的小星。不攀高不赶时髦，但又能充分发挥自己的潜能和优势，在求学和谋职中获得更多成功的机会。

三、人际关系的和谐

随着青少年活动范围的扩大，人际交往的增多，心理健康的学生在群体中生活同他人的关系是融洽的。无论是在校内还是校外，都善于与他人相处，喜欢交往，以诚相待，尊重别人，善解人意，宽容大度。同时自己也受群体其他成员的欢迎和悦纳，有要好的同学和朋友。

四、情绪乐观

心理健康的学生，不论是在顺利之时，还是在逆境之中，都能保持积极乐观的情绪。心胸开阔，热情豁达。热爱生命，热爱生活，对未来充满希望。对于升学、就业和生活中的变故，能顺其自然，不自寻烦恼，不墨守成规，不固执己见，不斤斤计较。

五、意志坚强

意志坚强是心理健康的表现。做事总有明确的目标，不任性不盲动，不胡作非为。一经确定前进的方向，就会坚持不懈地努力奋斗。不怕困难和挫折，不怕打击和报复，不患得患失，优柔寡断。善于自制，不感情用事，能保持自己独特的个性和风貌。不阿谀奉承，不盲目崇拜。喜欢独立思考，敢于承担责任。

六、反应适度

人对客观刺激的反应是有个别差异的，但这种差异是在一定的限度之内。所谓反应敏捷，并不包含过敏。反应迟钝并不是说对刺激麻木或不反应。一个文具盒不慎被碰掉地上，同学们为之受到震动，调转头来看个究竟，这是正常反应。倘若有人会因此大喊大叫，张牙舞爪，这就是反应失度。

评定中学生的反应是否适度，还要考虑其年龄特点。青少年思想活跃，初生牛犊不怕虎，敢说敢为，好动不好静，这都是正常表现。反之如老年人那样暮气沉沉，或如幼儿那样喜怒无常，这就是不正常的反应。同时也要参考同龄人的反应情况，个人的反应与同龄人的反应基本一致才算正常。否则，大多数人为之激动和热血沸腾的事，个别学生却漠然置之无动于衷，或者不为其他人所动的事，个别学生却因此而激动不已，这种迹象多少反映出反应不适度的特点来。不过有时对问题的看法，个别学生的与众不同或坚持己见，不一定标志心理不健康，真知灼见最早往往被少数人所掌握的实例是很多的，所以不能由此轻率地做出论断。心理健康与不健康都不是一时一事的表现，综合起来全面考察还是能够分辨出来的。

心理健康的这六条标准，是相互联系相互影响的。心理健康的学生，在这几个方面上都能够均衡发展，体现心理与行为的协调统一。但是属于心理不健康的学生，却不一定在这几个方面上都有问题，他们很可能只在其中一两个方面表现出严重失调。

心理健康的保持是需要讲究心理卫生的，而学生的心理卫生工作则需要家长、教师与学生的密切配合才能做好。

从家长和教师的角度来讲，对学生的教育要注意态度和方法，要保护学生的自尊心，满足学生的合理要求。课业负担要适当，不能以学习成绩论优势，要支持和鼓励学生正当的社交活动，关心和帮助学生解决来自学习或其他方面的各种困难和问题。

从学生自身的角度来讲，应加强个性修养，学会调节和控制自己的心理和行为，避免不健康心理因素的萌发和侵害。这里需要特别指出的是：

（一）要树立正确的人生观

人生观是指人对生存和生活意义的看法，它直接制约着人对客观事物的态度、体验以及行为方式。人只有树立正确的人生观，才能理解人生的真谛。不会因一时的成功而得意忘形，不会因偶然的失败而消沉气馁，不会因相貌不美而苦恼，不会因衣服欠佳而烦躁。

（二）要确立适合自己的理想目标

社会生活丰富多彩，各行各业都是人类生存之所需。青少年学生对于自己未来工作和生活的构想常常带有很浓厚的浪漫色彩，脱离实际，眼高手低，容易招致挫折。如果能根据社会需要，又能从自己的爱好和特长出发，确立切实可行的奋斗目标，那么通过努力就有可能获得成功。

中学生认真读书是应该的，但不能把考上大学作为读书的唯一理想目标，有人因高考落榜而懊丧而轻生，这是不理智的做法。一个人理想的实现并不取决于是否能上大学。生活的风帆靠自己掌握升扬，可是航向一定不要偏离自己所能驶达的港湾。

（三）要学会人际交往，密切与他人的关系

世界上任何人都不想把自己封闭起来孤独地生活，人人都有与他人交往的需要，但在人际交往中，有人能从中尝到欢乐，得到学习与发展，获得同情、友谊和支持，心理上有一种踏实的安全感。但也有人在交往中很不自在，心烦意乱，甚至还不受别人欢迎。结果弄得自己情绪焦虑，抑郁紧张。这说明人与人之间的交往，特别是要搞好人际关系，并不是一件简单容易的事。当然中学生不能把主要精力放到搞好人际关系上，不过个人与群体关系的和谐与否，确实是影响心理健康的重要因素。要想搞好人际关系，应该学会关心和体贴别人，尊重别人。不抢占别人的便宜，凡事多为他人着想，以能为别人提供方便而感到高兴。路遥知马力，日久见人心。一个人发自内心的真诚和善良，是会得到人们的尊重和友情的。

（四）要积极参加各项文体活动，促进身心协调发展

学生以学业为主，但不能总是看书、作业、写文章。况且青少年正是长身体活泼好动的时候，积极参加各式各类的文体活动，可以使疲劳的大脑得以休息，松弛紧张的情绪，焕发精神，增添生活的乐趣，有助于发展各种才能。同时还可以使身体各器官在运动中得到活动舒展，有利于学生身体的生长发育，身心的协调发展。必然有益于学生的身心健康。